H. GLESS 1975

MONSIEUR DE BOISDHYVER

PAR

CHAMPFLEURY

1

PARIS
ALEXANDRE CADOT, ÉDITEUR
37, rue Serpente

1857

MONSIEUR DE BOISDHYVER 2449

Y² 22171

Ouvrages de Paul Duplessis.

Batteur d'Estrade.	3 vol.
Les grands jours d'Auvergne.	9 vol.
La Sonora.	4 vol.
Un monde inconnu.	2 vol.
Les Étapes d'un Volontaire.	12 vol.
Le Capitaine Bravaduria.	2 vol.

Ouvrages de Xavier de Montépin.

Mademoiselle La Ruine.	6 vol.
Deux Bretons.	6 vol.
La Syrène.	2 vol.
L'Idiot.	5 vol.
Perle (la) du Palais-Royal.	3 vol.
Confessions d'un Bohême (1e partie).	5 vol.
Vicomte (le) Raphaël (2e partie).	5 vol.
Les Oiseaux de nuit (3e partie, fin).	5 vol.
Les Chevaliers du lansquenet.	10 vol.
Pivoine.	2 vol.
Mignonne (suite de *Pivoine*).	5 vol.
Brelan de Dames.	4 vol.
Le Loup Noir.	2 vol.
Les Viveurs d'autrefois.	4 vol.
Les Valets de Cœur.	5 vol.
Un Gentilhomme de grand chemin.	5 vol.
Sœur Suzanne.	4 vol.
Les Viveurs de Paris.	13 vol.
Première partie Le Mot de la mode.	3 vol.
Deuxième partie Club des Hirondelles.	4 vol.
Troisième partie Les Fils de famille.	3 vol.
Quatrième partie Le Fil d'Ariane.	3 vol.
Geneviève Galilot.	2 vol.

Ouvrages de Paul de Kock.

La demoiselle du cinquième.	6 vol.
Madame de Montflanquin.	5 vol.
La Bouquetière du Château-d'Eau.	6 vol.
Un Monsieur très tourmenté.	2 vol.
Les Etuvistes.	8 vol.

Fontainebleau, imprimerie de E. Jacquin.

MONSIEUR DE BOISDHYVER

PAR

CHAMPFLEURY

1

PARIS
ALEXANDRE CADOT, ÉDITEUR
87, rue Serpente

1857

A MON PÈRE.

Quand le bûcheron veut fendre un arbre, il enfonce coins sur coins en frappant avec ardeur pour les faire pénétrer jusqu'au cœur de l'arbre.

Le bois s'écarte petit à petit, pousse des

gémissements et crie de telle sorte qu'il réveille les échos d'alentour.

Malgré ses plaintes, il n'en est pas moins fendu, distribué en beaux quartiers, qui, l'hiver prochain, jetteront de vives flammes dans le foyer.

Il en est de même de la recherche de la Réalité. Pour arriver à la connaître, de grands travaux sont nécessaires, et le métier de chercheur de Réalité est peut-être plus dur que celui de bûcheron.

Il faut entasser beaucoup de coins avant d'arriver au cœur, et les cris qu'entend dans sa chambre le travailleur solitaire sont plus aigus et plus menaçants que ceux des échos de la forêt.

Toutes les pies et tous les geais du voisinage s'ameutent, tous les serpents sortent des broussailles en sifflant : *La recherche de la Réalité est interdite.*

Mais qu'une parcelle de vérité soit trouvée, et il en jaillira une flamme vive et lumineuse qui mettra la joie au cœur du patient chercheur, et le paiera par un épanouissement intérieur des labeurs qu'a demandés son œuvre.

CHAMPFLEURY.

I

L'ancien evêche.

L'évêché de Bayeux est situé dans une des parties les plus solitaires de la ville : il ne passe pas quatre personnes par jour dans la rue de l'Évêché, qui appartient à un quartier plus connu sous le titre général de quartier du Cloître. Les habitants de la ville désignent ainsi un groupe d'anciens hôtels appartenant aujourd'hui à des nobles, et qui, jadis, servaient de dépendances à de grandes communautés religieuses. Le Cloître, morcelé par la Révolution, était d'une immense importance à en juger par les bâtiments isolés d'aujourd'hui, qui en faisaient partie jadis : c'est-à-dire le séminaire et quelques hôtels très vastes qui semblent sous le patronage de l'évêché. Cette partie de la ville a conservé, avec son titre, toutes les rigidités de l'ancien cloître. Le silence le plus complet y règne ; les volets de bois des étages supérieurs qui donnent sur la rue sont toujours fermés, et, si par hasard, quelques fenêtres du rez de chaussée laissent apercevoir des rideaux qui témoignent que la maison est habitée, le voyageur curieux pressent des mœurs particulières et d'une autre époque, abritées derrière ces fenêtres à gros barreaux de fer ventrus et rouillés, qui défient les efforts des voleurs, derrière ces carreaux d'une ancienne fabrication, quelques-uns bombes comme le cul d'une bouteille à l'intérieur, verdâtres, jaunis par la poussière. Au premier étage des hirondelles ont établi leur nid dans les coins des volets de bois, avec l'intelligence d'observateurs profonds qui se disent : ici nous pouvons nous établir en paix, on n'ouvrira jamais les fenêtres.

Les règlements municipaux ont respecté les habitudes tranquilles des habitants du

Cloître. Chaque pavé est entouré d'un petit carré d'herbes assez longues pour faire matelas aux pieds des promeneurs; les balayeurs des faubourgs n'y promènent point leurs tombereaux, car ils n'y trouveraient rien à ramasser; les servantes ne vont pas, comme dans les autres parties de la ville, jeter les ordures de la maison au coin des bornes; le tambour de ville n'y annonce pas non plus les arrêtés municipaux, certain qu'il parlerait pour les murs, et le crieur public, chargé de la publicité des ventes après décès, garde toute la puissance de sa voix pour les quartiers plus marchands de la ville.

Des bouquets de giroflées sauvages ont poussé comme par hasard sur les murs noirs des maisons, au-dessus des murs desquelles on aperçoit de grands arbres qui poussent en paix dans de larges cours. Dans toute autre ville, ce contraste d'un calme absolu paraîtrait plus frappant qu'à Bayeux, qui est une petite vieille ville sans commerce, n'ayant pas sacrifié aux modes nouvelles, et conservant précieusement les anciennes habitudes de la vie normande. C'est dans ce diocèse que fut appelé M. de Boisdhyver, prêtre distingué qui dut un évêché à son éloquence et à son beau caractère.

Sorti de l'archevêché de Paris, où il avait exercé des fonctions importantes, M. de Boisdhyver fut frappé de l'aspect sombre et claustral de cet évêché, enfoui dans de petites rues sombres où le soleil ne pénètre guère plus que les passants. L'intérieur du palais répondait à l'extérieur : c'était une vieille construction située entre cour et jardin, exhaussée du sol par un large escalier de dix marches. Les murs de la façade étaient sombres comme ceux d'une cathédrale gothique, et, au dedans, l'humidité avait tracé sur les plafonds et sur les tentures ses tristes et capricieux dessins d'ocre malsaine. L'évêque précédent, qui venait de mourir, laissa partout ses traces de vieillard malade et fatigué de la vie. Le mobilier était en mauvais état, mal soigné, triste à considérer ; dans l'antichambre, de grands tableaux peints avec maladresse, et cependant pleins d'un sentiment religieux bien proche du fanatisme, remplissaient l'esprit d'images désolantes. Un christ jaune et morbide, semblable à un moulage de cire, montrait ses plaies d'où sortaient des larmes de sang à donner le frisson, car elles semblaient peintes avec du vrai sang. Il y avait peu d'appartements qui ne fussent ornés de cruelles représentations, sorties de l'imagination d'un homme du pays, esprit tourmenté qui remplissait la cathédrale et tout ce qui tenait au clergé de ses peintures sombres par lesquelles il espérait obtenir le pardon de ses péchés.

Les serviteurs de l'évêché avaient pris la livrée de l'hôtel. C'étaient des êtres crasseux et gras, en mauvaises redingotes râpées, en bonnets de soie noire roussie, qui semblaient une armée de vieux donneurs d'eau bénite. Ils marchaient le dos courbé, à pas lents, jetaient des regards de côté, ayant pour unique occupation de ne pas se faire entendre, d'ouvrir les portes avec précaution, de glisser sous les voûtes comme des ombres. Une servante âgée suffisait à l'entretien de la cuisine et de la lingerie. Elle portait un costume moitié laïque, moitié séculier, noir et blanc, et son grand bonnet, dont les tuyaux empesés se redressaient brusquement comme un éventail déployé, laissait paraître une figure calme, de cette couleur particulière aux personnes sans passions, qui cependant témoigne d'un certain égoïsme. Sa plus grande occupation était de s'inquiéter d'une bande de lapins, qu'elle entretenait dans une grande caisse de bois, l'ornement le plus apparent de la cour. Sauf ces lapins qui, de temps en temps, passaient leurs longues oreilles par les fentes de la caisse, aucun être animé ne troublait le repos de la cour ; deux fois par jour, madame Compère apportait à ses lapins une ample ration de carottes et de choux que lui fournissait le jardin de l'évêché. Dans ce jardin, elle retrouvait un être vivant, un vieux corbeau noir qui se tenait perché ordinairement sur une échelle de jardinier, et qui ne se dérangeait que pour présenter ses respects à la femme de charge et aux chanoines. Ce corbeau curieux sautait d'échelon en échelon quand il voyait apparaître le bonnet tuyauté de madame Compère, et, quoique depuis bientôt dix ans il la vît faire ses provisions de carottes et de feuilles de choux, il se postait à côté d'elle en allongeant la tête, et semblait prendre un intérêt immense à cette opération. Puis, il remontait en haut de son échelle et n'en descendait qu'à six heures du soir, à l'heure où les chanoines font leur promenade habituelle dans le jardin à la suite de leur repas. Il sautillait derrière eux par petits bonds, et prenait peut-être encore plus de plaisir à leur conversation qu'aux récoltes de carottes et de choux de madame Compère.

Ce jardin, dans un bas-fond, était humide et triste; de grandes allées d'arbres touffus ne laissaient pas apercevoir le ciel, entretenaient l'humidité des allées mous-

sues où se promenaient de grosses lima-
cés visqueuses, et ne répondait guère à la
tranquillité des grands bois où des voûtes
de feuillage donnent à l'homme des sensations odorantes. Le promenoir tenait du
janséniste et du célibataire : du janséniste,
il avait le caractère sombre, et du célibataire, les côtés mesquins et étroits. Tout
ce qui était fleur et décoration représentait particulièrement le célibataire bourgeois, les plates-bandes dessinées en
forme de cœur, de violon, en losanges,
arrêtées par un contour de buis maigres, la nature des fleurs qui remplissaient
ces plates bandes, des soucis, des pavots
simples, jamais de roses, montraient un
jardinier bien indifférent à la fête des yeux.
Le jardin était borné par une rivière aux

eaux noirâtres, salies par les ateliers voisins de teinture, qui ne laissaient pousser ni arbres ni gazons sur ses bords.

Tel était l'évêché quand M. de Boisdhyver arriva à Bayeux. Il parut peu convenable au nouvel évêque de laisser les bâtiments dans cet état et il commença par faire maison nette de tous les vieux meubles qui emplissaient l'hôtel. Les revendeurs et les fripiers de la ville purent dire avec orgueil qu'ils avaient des meubles de l'évêché, et cet événement fit que pendant longtemps le prix des vieux meubles se tint assez ferme à Bayeux, car les revendeurs, feignant de les regarder comme des objets sacrés, faisaient mine de ne s'en séparer qu'avec chagrin comme s'ils avaient été bénits, et disaient avec un ton d'orgueil particulier, au marchandeur récalcitrant : — « Songez-y, monsieur, c'est un meuble de l'évêché, » comme ils auraient dit : C'est un meuble de Boule. Cette vente jointe à d'autres circonstances que l'on trouvera plus loin, laissa une telle trace dans la tradition du pays, que les fripiers en profitèrent pour décorer tous leurs vieux meubles de meubles de l'évêché. A l'heure qu'il est, c'est-à-dire quarante ans après l'installation de M. de Boisdhyver, on trouverait encore à acheter des meubles de l'évêché, aussi authentiques, il est vrai, que la canne de Voltaire.

Sans s'arrêter aux idées de luxe moderne, M. de Boisdhyver, dont l'âge ne dépassait pas la quarantaine, ne pouvait avoir les goûts et les habitudes de vivre de son prédécesseur, vieillard infirme, cloué sur son lit pendant dix ans par un asthme cruel qui ne lui laissait pas de repos et lui interdisait le mouvement et la marche. Aussi tout le bâtiment avait été marqué de la maladie du vieil évêque : l'asthme était voyant dans les dégradations de l'hôtel, dans son humidité, dans ses murs noirs, dans les habits de domestiques. L'évêché n'existait guère que de nom pour les habitants de Bayeux qui, depuis longtemps, avaient été privés de la vue de leur gouverneur spirituel ; les grandes fêtes de l'église n'étaient plus marquées par cet appareil pompeux qu'imprime un chef à des solennités chères aux fidèles. Bien que l'évêque fût représenté par son grand-vicaire et par ses chanoines, l'effet n'était pas le même : c'était un conseil de ministres sans roi. Le vieil évêque avait conservé son intelligence sur son lit de douleur, ce qui empêchait de le remplacer ; mais même avant d'être atteint de la cruelle maladie qui devait l'emporter, il n'avait jamais eu les goûts de représentation et d'apparat chrétien que la petite ville de Bayeux n'était guère propre à faire naître.

On connut bientôt dans la cité que monseigneur Boisdhyver préparait de grandes choses, car il s'était retiré au séminaire peu de jours après son arrivée, ce qui ne put s'expliquer que par des travaux ou des améliorations considérables qui se faisaient dans l'évêché. Aussi, pour la première fois, put-on voir dans le quartier du Cloître quelques figures de bourgeois curieux de connaître à l'avance ce qui se préparait dans l'hôtel ; mais ils revenaient déconcertés, la grande porte étant fermée comme par le passé, et s'il se tramait quelque surprise au dedans, rien n'en transpirait au dehors. On sut pourtant que les maçons, les menuisiers, les fumistes, étaient employés à l'évêché, et le fait n'eût été que très ordinaire s'il n'avait été question de parqueter une partie des appartements. Cela donna à jaser, car l'abolition des carreaux indiquait une tendance très prononcée vers le luxe. Tout se sait dans les petites villes : les intérêts se touchent de trop près, les relations d'hier sont tellement celles de demain et de l'année prochaine qu'un être qui, par sa position, échappe aux fréquentations journalières de ses concitoyens, est regardé comme un ennemi plein de dissimulation, dont il est de l'intérêt commun de connaître toutes les manœuvres.

Une grande caisse arriva de Paris par le roulage, à l'adresse de M. de Boisdhyver. Le directeur du roulage, enchaîné par les intérêts communs à tous les petits marchands de la ville, ne livra la caisse qu'un jour après son arrivée. Tout Bayeux vint faire une reconnaissance de la caisse. Qu'y avait-il dans cette caisse? que pouvait-elle contenir? C'étaient des commentaires sans nombre. Les uns flairaient la caisse, d'autres frappaient dessus avec le *medium*; tous auraient voulu revêtir l'habit vert du douanier pour, armés d'une sonde, perforer cette caisse mystérieuse et en connaître le contenu. Par le seul fait de cette caisse, qui occupa tellement les esprits, on s'imagine combien fut discutée la personne de l'évêque.

Il courait par la ville des portraits fantastiques de M. de Boisdhyver, qui était dépeint tantôt en jeune prêtre, tantôt en vénérable ecclésiastique aux mains tremblantes. Si les personnes les moins assidues au service religieux s'occupaient ainsi de l'évêque, cela donne à penser quels commentaires on en tira dans les familles bourgeoises, qui ne manquent jamais d'aller le dimanche à l'église dans un but d'observations et de propos malins. Des comparaisons s'établirent naturellement entre l'évêque défunt et son successeur, quoique personne ne connût et n'eût aperçu encore M. de Boisdhyver ; les vieilles gens prenaient parti pour l'évêque asthmatique, et l'opinion générale fut d'abord défavorable au nouveau chef du clergé du diocèse, surtout quand la Compère rentra tout à fait dans la vie civile avec son corbeau et ses lapins.

Madame Compère, concierge de l'évêché depuis vingt-cinq ans, se trouva couchée sur le testament du défunt évêque pour une rente de six cents livres, et cette fortune lui tourna la tête. Maîtresse absolue de faire ce qu'il lui plaisait dans l'hôtel, elle avait fini par se croire inamovible, et cette fausse idée fit qu'elle essaya de traiter, quelques jours après son arrivée, M. de Boisdhyver en homme qui devait obéir à ses volontés. L'architecte du département, chargé de veiller à la restauration de l'hôtel épiscopal, ayant trouvé que la niche aux lapins produisait un déplorable effet dans la grande cour de réception, avertit la concierge d'avoir à loger ailleurs ses animaux favoris. Madame Compère répondit en maîtresse de maison que depuis dix ans, des générations de lapins avaient vécu en paix dans cet endroit, qu'ils y étaient habitués, et qu'elle les tuerait plutôt que de les changer de place.

On porta ce différend devant l'évêque, qui fit venir madame Compère au séminaire, lui tint un discours affectueux, dit combien il désirait garder les personnes qui avaient toujours vécu dans l'évêché, et finit apaiser la concierge en lui donnant une indemnité pour la translation des lapins dans un autre lieu. Cette première querelle semblait apaisée lorsqu'une seconde affaire amena une rupture irréconciliable. Le corbeau avait l'habitude de se percher sur le dernier bougeon de l'échelle dans le jardin. Cette échelle semblait lui appartenir; elle ne servait à aucun usage, on l'eût dit appliquée contre le mur uniquement pour le corbeau; aussi depuis dix ans d'exposition à l'air, à l'humidité, à la pluie, s'était-elle changée en bois pourri sur lequel un corbeau seul pouvait grimper avec sûreté.

L'architecte ayant avisé cette vieille échelle, donna des ordres à ses ouvriers pour la faire enlever; mais, du haut de l'échelle, le corbeau, comprenant que son observatoire était menacé de destruction, regardait les ouvriers avec inquiétude, penchait le bec en bas, et secouait des ailes effarées et furieuses; quand il s'aperçut que ses colères étaient inutiles et qu'il aiguisait en vain son bec contre le bois sans effrayer ses ennemis, il poussa de tels cris que madame Compère accourut à son secours, croyant que ses jours étaient menacés.

— Je vois bien, dit-elle, qu'on cherche tous les moyens de me chasser d'ici, mais je n'ai besoin de personne... Vous pouvez aller dire à votre évêque, monsieur l'architecte, que je quitte l'hôtel dès aujourd'hui. Nous verrons comment il s'en tirera sans moi... Il ne trouvera pas de personne aussi honnête et aussi dévouée que moi, je vous le garantis... C'est une honte de chasser une pauvre femme après vingt-cinq ans de service, sous le prétexte qu'elle a quelque pitié pour des animaux du bon Dieu... Mais c'était entendu d'avance, votre évêque voulait faire maison nette; on commence par moi, d'autres suivront...

Madame Compère parla ainsi longtemps

sur ce ton, quoique lui dit l'architecte ; mais, sans vouloir l'entendre, la femme de charge, blessée jusqu'au vif, déménagea dans la matinée le peu de meubles et de hardes qu'elle possédait, et vint dans la ville louer une petite salle où elle installa les lapins et le corbeau. Sans que M. de Boisdhyver s'en doutât, le pépin du mécontentement était semé sur une terre fertile et allait donner en peu de temps un arbre touffu sous lequel s'abriteraient les mauvaises langues.

Madame Compère, ayant eu des relations avec le nouvel évêque, fut d'abord recherchée par les curieux, et ne manqua pas de déblatérer contre le prélat, qui arrivait avec un arsenal de réformes. Il y a toujours autour du clergé un troupeau de vieux dévots et dévotes chez lesquels la religion n'a pu établir la mansuétude. Ces dévots se rattachent à tout ce qui touche au clergé; ils sourient au bedeau, connaissent le suisse, causent volontiers avec les gens attachés à l'église, sont friand de nouvelles de sacristie, ne jurent que par les prêtres; depuis dix ans madame Compère leur donnait officieusement le bulletin de la santé du précédent évêque; pour se hausser dans l'opinion, elle se posait plutôt en gouvernante qu'en femme de charge. Aussi jouissait-elle d'une grande considération parmi les vieilles filles, qui enviaient sa position auprès de monseigneur. Les vieilles filles prirent hautement le parti de madame Compère, qu'on plaignit comme une victime, et qui fut traitée en reine-exilée ayant conservé toute sa puissance.

Les cadeaux et les offres plurent chez l'ancienne concierge en manière de protestations, comme ces souscriptions qui se font pour les adversaires d'un gouvernement; on proposa à madame Compère d'élever ses lapins, première cause de sa disgrâce. Vers six heures du soir, quand le groupe des pieuses mécontentes était rassemblé, on tirait les lapins de leur niche, et bien qu'une violente odeur de choux se répandît dans l'assemblée, chaque dévote embrassait les lapins, qui auraient préféré qu'on les laissât en paix; toutes les épithètes d'amour, telles qu'en ont les vieilles filles dans leur répertoire, furent accordées aux lapins, regardés commes des martyrs.

— N'est-ce pas une indignité, disait madame Compère en saisissant un de ces animaux par ses longues oreilles et en le balançant devant l'assemblée; dire qu'on m'a forcée d'emmener une mère dans cet état.., Voyez, mesdemoiselles, elle est pleine; qui sait si un changement aussi brusque dans ses habitudes ne peut pas faire venir à mal sa portée?

Les dévotes se récriaient, et les accusations les plus noires retombaient ainsi sur la tête de M. de Boïsdhyver. Quant au corbeau, perché sur une armoire, il planait sur l'assemblée des vieilles filles et paraissait regretter le beau temps où, du haut de son échelle chévie, il suivait les variations des nuages et de la température, et les mille petits drames qui se passent dans dans un jardin entre les insectes et les fleurs.

Les vieilles filles donnèrent le ton à Bayeux sur le compte de M. de Boïsdhyver.

Quoiqu'elles fussent connues par leurs âpres mécontentements du présent, l'opinion publique ne laissait pas que d'en être légèrement influencée. Il en résulta que le premier acte de l'évêque, en prenant possession de son hôtel, avait été de renvoyer inhumainement d'anciens serviteurs.

II

Physique et moral de M. Ordinaire.

Les commentaires allaient toujours leur train dans la ville de Bayeux, le nouvel évêque fournissait à autant de dissertations que s'il eût été un auteur latin dont les savants ont retrouvé une moitié de phrase. Il y avait près de quinze jours qu'il était arrivé, et sauf les visites à deux ou trois grands personnages de la ville, les gens du commun se mordaient les pouces de n'avoir pas seulement entrevu la queue de sa robe. Les réparations de l'ancien évêché marchaient avec une rapidité extraordinaire pour un petit pays où la construction d'un mur, abandonnée à deux maçons paresseux, dure quelquefois six mois. La façade de l'hôtel fut grattée et le manteau noir qui couvrait la pierre de taille disparut pour faire place à une couleur blanche qui fit disparate tout à coup avec les habitations voisines. Le chevet irrégulier du mur fut aplani, les giroflées sauvages arrachées, à la place deux grands pots de fleur à faïence chinoise ancienne qui contenaient des fleurs rouges, ornèrent la porte cochère. Jamais curieux ne furent plus alléchés, car ces simples embellissements du dehors annonçaient assez qu'on ne respectait pas davantage le vieil intérieur. On ne parlait rien moins que d'un palais, et les menuisiers et les divers ouvriers du pays confirmaient cette nouvelle en rapportant combien monseigneur s'intéressait à ces travaux et la visite qu'il y faisait deux fois par jour.

— Comment est-il ? Telle fut la question qui se répétait dans la ville haute, plus spécialement habitée par les marchands et les petits rentiers. A force de contrôle, on vint à savoir que M. de Boisdhyver était un homme de quarante-six ans, la figure pleine de bonté et les manières les plus affables du monde : sa voix était douce quand il parlait aux ouvriers, heureux de s'entendre commander par lui ; cependant de chacun de ses gestes ressortait une dignité particulière qui imposait et qui décelait un homme au-dessus du commun : telle se basa l'opinion publique, d'après les rapports des ouvriers. Un maçon fut blessé grièvement à l'épaule par une auge pleine de plâtre, tombée d'un échafaudage. L'évêque, qui était sur les lieux, pansa lui-même le maçon et lui fit dresser un lit dans une des salles de l'évêché. Il ne manqua pas deux fois par jour de lui rendre visite, veilla à ce qu'un médecin vînt fréquemment, et, pour désennuyer le malade, permit que sa femme vînt s'installer auprès de lui. Ce beau trait, connu dans la ville, répété par la petite gazette locale, fit plus d'honneur à M. de Boisdhyver que le meilleur discours. Les embellissements de l'évêché ne furent critiqués désormais que par les gens qui font de tout événement public une pâture à la malignité.

Il n'y avait pas huit jours que l'évêque était au séminaire qu'il avait gagné, par sa bonté, tous ceux qui l'approchaient : la douceur de son caractère paraissait dans ses yeux, et chacune de ses paroles n'était employée qu'à prêcher la tolérance : on en vint à comparer sa manière d'agir avec celle du grand vicaire qui remplaçait depuis longtemps le défunt évêque, et qui était un homme dur, irascible, quoique religieux ; mais, ainsi qu'il arrive souvent, l'entourage du défunt évêque s'était modelé sur son humeur, et l'asthme cruel qui l'enleva aux honneurs épiscopaux n'était pas de nature à le rendre tolérant. Aussi, M. de Boisdhyver fut-il frappé de l'esprit particulier qui régnait chez les vicaires-généraux, les chanoines et les membres honoraires de son siége. Presque tous âgés, ils étaient pleins de petites passions discordantes et animés d'une certaine défiance vis-à-vis de leur nouveau supérieur : les passions sont partout les mêmes, chaque corps constitué représente à l'intérieur l'image en petit du monde. L'Église n'est pas exempte des faiblesses humaines. La jalousie s'éveilla dans le cœur de ceux qui avaient des idées de grandeur et qui caressaient sourdement un siége épiscopal. On trouva M. de Boisdhyver trop jeune; on discuta ses titres. Les conversations se tenaient sous une allée de tilleuls, le lendemain de l'arrivée de l'évêque, entre le premier vicaire-général, l'abbé Ordinaire et deux chanoines de ses amis, l'abbé Commendeur et l'abbé Aubertin.

— Je ne sais vraiment, messieurs, disait l'abbé Ordinaire, par quels moyens M. de Boisdhyver a pu obtenir sa nomination. Il faut qu'il soit bien habile, malgré son jeune âge.

— Il a quarante-six ans au plus, dit l'abbé Commendeur; c'est trop jeune.

— Il n'a cependant pas l'air ambitieux, dit l'abbé Aubertin.

— Détrompez-vous, monsieur Aubertin, dit l'abbé Ordinaire, ces physionomies sont trompeuses ; croyez-vous qu'il ait été nommé à un grade si important sans l'avoir demandé? Les temps ne sont plus où on allait au-devant des ecclésiastiques qui avaient rendu des services et qu'on récompensait par un avancement bien légitime.

Dans chaque parole de l'abbé Ordinaire perçait le dépit de rester depuis longtemps dans ses fonctions de vicaire-général; il en souffrait d'autant plus qu'il ne se sentait pas appuyé dans ses rêves par ses amis les chanoines; ceux-ci partageaient volontiers son acrimonie, mais ne lui disaient pas de ces douces paroles qui auraient jeté quelque baume sur ses plaies. Le malheureux abbé Ordinaire attendait toujours la réponse : « C'est vous qu'on aurait dû nommer à la place de Boisdhyver, », et cette parole ne venait pas. Il y avait encore entre le nouvel évêque et les prêtres de son chapitre cette distinction d'un prêtre parisien et de prêtres assoupis depuis longtemps par les pratiques provinciales. L'ennui, les mesquineries de la vie, le manque de relations agissent autant et peut-être plus sur le clergé de province que sur un membre d'une corporation civile.

L'imprévu, ce charme de la vie, manque aux prêtres de province qui se retrouvent toujours en face, subissent les mêmes paroissiens, les mêmes dévotes, et sont atteints par leurs manies comme, dit-on, les médecins finissent par contracter des gestes et des habitudes des aliénés dont ils sont continuellement entourés. Le prêtre de village, au contraire, respire la tranquillité des champs, l'air de la liberté; il échappe au contrôle perpétuel de ses supérieurs; plus il est loin de la ville, meilleure est sa situation. Placé entre le prêtre parisien et le prêtre de campagne, le prêtre de province est donc dans une situation moins heureuse, surtout quand il appartient à un épiscopat aussi peu important que celui de Bayeux. Sa vie se con-

sume en bavardages, en petites curiosités
en manies innocentes qui ont le plus souvent la faculté d'éteindre un homme, de
l'assoupir et de le rendre incapable ; mais
combien souffrent ceux qui n'ayant pas été
garrottés entièrement par la vie provinciale, qui n'ayant pas respiré son air endormant, conservent au dedans d'eux des
ambitions brûlantes !

L'abbé Ordinaire était rongé par une de
ces ambitions aiguës dont le caractère est
de ne laisser aucun repos à ceux qui en
sont atteints. Il avait la conscience de son
insociabilité et de son caractère raide et
anguleux qui faisait le vide autour de lui.
Jamais une parole d'enthousiasme n'avait
trouvé place sur sa langue ; au contraire,

un dénigrement perpétuel le tenait en hostilité vis-à-vis de tous ceux qu'il fréquentait. Il saisissait merveilleusement le défaut et le vice en toute chose, et il ne tenait pas compte des qualités qui pouvaient balancer ces défauts. La critique l'avait rendu bilieux, la bile l'avait rendu critique. Il était long, jaune, maigre, et propre dans ses habits, car il avait pour principe de ne laisser aucune prise à la malignité dans son extérieur. Suivant lui, rien n'allait bien en ce bas monde; il n'avait en tête que des idées de châtiment. Dieu, à l'entendre, était Dieu vengeur, plein de colères; il admettait tout au plus le purgatoire et ne parlait jamais que de l'enfer.

Les enthousiastes de l'abbé Ordinaire,

en tant que prédicateur, étaient principalement les personnes âgées, malades qu'il se rattachait en tonnant contre la jeunesse et les plaisirs du monde. Mais la parole de l'abbé Ordinaire ne tenait pas de ces grands retentissements des orateurs chrétiens, qui, du haut de la chaire, pour frapper davantage l'esprit de leurs auditeurs, font rouler d'imposantes colères avec le fracas d'un tonnerre majestueux ; ses discours étaient froids, étriqués et dédaigneux comme sa personne. Il savait dépeindre le vice, sans faire courir le remords dans les veines de ses auditeurs, et, sauf le troupeau dont il était l'organe, chacun sortait de l'église sans être touché profondément.

On pense quel antagonisme s'éleva entre

M. de Boisdhyver et l'abbé Ordinaire, aussitôt que celui-ci eut aperçu son supérieur. Le nouvel évêque avait une figure calme et ouverte ; rompu par la vie parisienne à toutes les doctrines, ayant été admis dans les salons du faubourg Saint-Germain, où une politesse exquise sait envelopper le scepticisme le plus complet, M. de Boisdhyver fut à même d'étudier les hommes des hautes classes, de les juger, et il ne s'en était pas tenu à ces seules observations. Par sa position toute particulière auprès de l'archevêque de Paris, il put connaître toutes les classes : les hommes d'épée et les hommes de finance, les plus grandes têtes de la noblesse et les plus humbles de la bourgeoisie. Il discuta quelquefois avec des philosophes, des artistes et des poètes, traversa l'incroyance sans en être touché, et il sortit de ces fréquentations en aimant l'humanité, la trouva meilleure qu'on ne la représente, et avec l'intime persuasion de rappeler un homme aux bons sentiments qui couvent en lui sous les passions de la société.

Aussi, plein de confiance dans l'humanité, certain de la guérison des hommes quand il se trouverait à même de les traiter, M. de Boisdhyver retira de ces études une physionomie calme et confiante, et, heureux de la mission qui lui était donnée, sa figure prit, à mesure de ses certitudes, une expression de bonheur et de contentement dont chacun était pénétré. L'abbé Ordinaire, chagrin et tourmenté, fut d'abord jaloux de l'expression de la personne de l'évêque, et sa veine critique s'enfla dès l'arrivée de M. de Boisdhyver. Les deux seules personnes qui supportaient patiemment le caractère chagrin du grand-vicaire étaient l'abbé Commendeur et l'abbé Aubertin, deux prêtres d'une médiocre intelligence. L'abbé Aubertin, d'une douceur d'agneau, passait son temps à imaginer de pieuses silhouettes : sa majeure occupation consistait à découper, dans des feuilles de papier noir, des sujets de dévotion et des portraits de saints dont son imagination lui fournissait le sujet ; il avait ainsi créé un légendaire de saints, de pères de l'Église et de martyrs qu'il avait dotés de figures de fantaisie, toutes de profil. Sans son papier noir et ses ciseaux, il n'existait plus, ou il regardait les nuages, cherchant sans doute dans leurs formes constamment variées, de nouveaux profils. Quelquefois il se hasardait dans des sujets plus compliqués et s'ingéniait à mettre en action de petits drames bibliques; mais c'étaient des opérations qui lui prenaient des mois entiers et qu'il accomplissait avec une patience sans bornes. Ainsi quand M. de Boisdhyver prit possession du siége épiscopal, l'abbé Aubertin était perdu dans la composition du Déluge et de l'Arche de Noé. Il ne rêvait rien moins que de représenter en découpure l'eau, les montagnes, l'arche, Noé, sa femme et tous les animaux de la création. Cette immense entreprise l'absorbait complétement, car le moindre animal lui coûtait deux ou trois jours de travail, et quand il avait achevé un lion de profil, ou un pigeon de profil, ou un crocodile de profil (ses moyens de réprésentation se bornant au profil), il l'annonçait avec un air de joie telle qu'il excitait l'enthousiasme chez les chanoines.

Cette innocente occupation ne l'empêchait pas de s'intéresser aux nombreuses maladies du chanoine Commendeur, qui, atteint de légers dérangements dans les viscères abdominaux, essayait de combattre la marche de ses indispositions à l'aide d'un thermomètre. La nuit, le jour, le soir, le matin, l'abbé Commendeur consultait un thermomètre qui lui servait à constater les variations de l'atmosphère. Au petit jour, en s'éveillant, il fourrait son thermomètre sous les draps pour peser la chaleur du lit; ou, se couchant dans un lit bassiné, il attendait que le thermomètre représentât la somme de calorique qu'il jugeait propre à lui rendre la santé. A table, il ne manqua jamais de tremper son petit thermomètre dans son potage; puis il l'essuyait avec soin et le reportait dans son vin, dans la carafe qui lui était destinée; il craignait les aliments chauds autant que les boissons trop froides, et son but irréalisable était d'arriver à des caloriques médiocres qu'il n'eût pu guère obtenir que dans une serre. A part ses observations hygiéniques trop régulières, l'abbé Commendeur, de même que l'abbé Aubertin, était une nature excellente, faible et se pliant par bonté d'âme au caractère aigri du vicaire-général. Tous deux d'ailleurs habitués à sa compagnie qui servait leur manie : pendant que l'abbé Ordinaire se livrait au dénigrement de son entourage, ses compagnons en profitaient pour rêver chacun de son côté, l'un à ses silhouettes, l'autre à son thermomètre.

— Notre vie paisible va être troublée, messieurs, croyez-le, disait l'abbé Ordinaire, qui croyait fermement que les chanoines l'écoutaient. Qu'est-ce que ce remue-ménage qui se prépare à l'évêché ? dans quel but, je vous le demande. L'hôtel épiscopal n'était-il pas convenable depuis que tant de générations d'évêques l'ont habité ? Nous y trouvions-nous mal, dites, monsieur Aubertin ?

— Plaît-il? demanda le chanoine, qui rêvait en ce moment quel animal il découperait le lendemain.

— Étiez-vous mal à l'évêché, monsieur Aubertin?

— Je m'y trouvais très bien.

— Vous êtes donc de mon avis?

— Pardonnez-moi, monsieur Ordinaire, je n'ai pas suivi votre raisonnement...

— Je vous demande si cela ne vous a pas blessé tout à coup d'être obligé de quitter votre appartement?

— Bien certainement, je craignais pour mes cadres, mes tableaux, qu'il m'a fallu ficeler et envelopper avec soin, et comme je n'ai pas voulu les déballer au séminaire, pour ne pas avoir la peine de les transporter de nouveau, cela me prive.

— C'est à M. de Boisdhyver que vous devez cette privation, ne vous en prenez qu'à lui... Ce jeune ecclésiastique arrive de Paris avec un nouveau genre... Ah! ce n'était pas lui qu'il nous fallait! C'était un prêtre mieux au fait des habitudes de l'évêché de Bayeux, qui n'aurait rien changé à nos habitudes, à notre genre de vie... Car enfin nous ne sommes pas un régiment... Dites, monsieur Commendeur, nous regardez-vous comme un régiment?

— Un régiment! s'écria M. Commendeur, quel régiment?

— Un régiment de soldats, sans doute ; ne nous fait-on pas changer de garnison inutilement, parce qu'il plaît à M. de Boisdhyver d'arriver avec le genre parisien.

— Oui, oui, oui, j'y suis, dit M. Commendeur.

— Dieu sait ce qui nous attend, s'écria M. Ordinaire ; pour moi j'en souffre d'avance et je frémis de toutes ces innovations... Enfin, messieurs, vous n'avez pas l'air de prendre garde aux événements qui se préparent, vous avez tort, car vous serez atteints un jour ou l'autre comme je l'ai déjà été... Par mes fonctions, par mon grade, je dois connaître de tout ce qui se passe à l'évêché; je dois épargner à monseigneur les audiences inutiles, fatigantes et dangereuses; ma mission est pénible, mais je l'ai toujours remplie avec zèle. Notre pauvre et cher défunt, qui nous entend à cette heure du haut du ciel, m'avait laissé tout le poids de ses affaires, et pendant sa maladie je peux dire que j'ai eu toutes les charges d'un évêché sans en recueillir la gloire ni les bénéfices. Je vous en prendrai un jour à témoin, messieurs! Eh bien, je dois dire le grand mot... monsieur Aubertin, revenez sur la terre, s'il vous plaît. M. de Boisdhyver n'a pas confiance en nous; il manque complétement de confiance dans le clergé qui l'entoure.

— Vraiment! s'écria M. Commendeur.

— Pas du tout de confiance.

— Bah! dit M. Aubertin.

— Je ne sais qui a pu lui donner de la prévention contre ses vicaires-généraux, contre ses chanoines, mais il ne leur témoigne pas de confiance. Un seul fait suffira... Il s'est déjà présenté il y a quelques jours des personnes qui demandaient à parler à monseigneur, le concierge leur répond qu'il faut s'adresser à moi... et il m'en prévient; j'en parle à M. de Boisdhyver, il me répond : qu'on donne des ordres pour les recevoir quand elles se présenteront... Pour moi, je vais reprendre mon logement chez ces dames Loche, ces bonnes dames si zélées, si pieuses, que nous avons toujours trouvées pleines de zèle pour tout ce qui touche à l'église... Monsieur Aubertin, je vous demanderai même quelques silhouettes pour ces dames Loche...

— Monsieur Ordinaire, en auront-elles soin ?

— Certainement, ces dames seront aux anges d'avoir une image sortie des mains d'un prêtre.

— C'est que, dit le chanoine, il y a des personnes qui ont envie d'un objet par caprice; on le leur donne, et puis elles le jettent de côté.

— Ces dames Loche...

— Oui, dit M. Aubertin, mais les silhouettes me donnent un mal...

— Les dames Loches le comprendront.

Le chanoine Aubertin avait une seconde manie accrochée à la première, celle de garder pour lui ses silhouettes, de les empiler, d'en faire de gros albums et de les encadrer. Il était heureux de l'admiration que ses figures de sainteté inspiraient, mais il ne désirait pas s'en séparer : le fond de son caractère n'était pas la prodigalité en quoi que ce fût ; on pouvait retrouver en lui cet enthousiasme de créations qu'ont eu, dit-on, de grands artistes, et qui les poussa à garder pour eux des œuvres dont on leur offrait des sommes considérables. Peut-être le chanoine Aubertin eût-il troqué volontiers quelques-unes de ses silhouettes contre des valeurs plus positives ; mais l'idée d'en tirer parti ne s'était pas encore offerte à son esprit, et il défendait seulement ses silhouettes contre les enthousiastes trop ardents qui désiraient en enrichir leurs livres de messe.

— Ainsi, vous me refusez, monsieur Aubertin ? dit le grand-vicaire.

— Mais non, dit le chanoine d'un ton qui voulait dire : mais oui.

— Les dames Loche eussent été bien heureuses, je vous assure.

— Nous verrons, dit M. Aubertin.

— Puis-je y compter ?

— Plus tard, dit M. Aubertin, quand j'aurai terminé mon classement.

— Il vaudrait mieux dire tout de suite que vous ne voulez pas...

— Ah! monsieur Ordinaire, je ne vous refuse pas.

L'abbé Aubertin ayant jeté par hasard les regards sur la figure du vicaire-général, s'aperçut alors de la mauvaise impression qu'avait produite son refus, et il chercha à se rappeller s'il n'avait pas dans sa collection quelques doubles ou quelques silhouettes mal réussies qu'il avait mises prudemment de côté.

— Monsieur Ordinaire, dit-il, aussitôt que j'aurai mis la dernière main à l'arche de Noé, je m'occuperai de vous chercher quelque chose pour les dames Loche.

Par dessus tout, l'abbé Aubertin visait à

la tranquillité et il craignait de mécontenter son supérieur ; mais le vicaire-général blessé de n'avoir pas vu sa demande exaucée sur-le-champ, ne répondait plus.

— Ah! mon Dieu! je l'aurai froissé, pensa l'abbé Aubertin et il reprit :

— Monsieur Ordinaire, j'y pense, j'ai votre affaire, oui, c'est cela, une jolie sainte pour chacune de ces dames Loche...

Le vicaire-général continuait toujours à ne pas répondre, et sa figure, bandée comme un arc prêt à envoyer un trait fatal, ne se détendait pas.

— Si je savais les petits noms de ces dames Loche, dit l'abbé Aubertin, je pourrais même chercher ce soir. Ne croyez-vous pas, monsieur Ordinaire, que ces dames seraient plus heureuses d'avoir leurs patronnes?

— Comme il vous plaira, dit le vicaire-général d'un ton âpre.

Ce n'étaient pas de douces paroles, mais c'étaient des paroles, et l'abbé Aubertin crut entendre le chant le plus harmonieux sortir de la bouche de l'abbé Ordinaire, quand celui-ci consentit à rompre son silence terrible. Le doux chanoine, effrayé de la sombre taciturnité de son supérieur, osait à peine regarder ses lèvres pincées, son teint bilieux, ses sourcils qui se rapprochaient, son front qui se plissait en lignes verticales à la racine du nez, tous signes d'une tempête intérieure violente, et il se demandait : A quoi pense le vicaire-général en ce moment? Ai-je été assez malheureux de lui refuser des silhouettes! Le vicaire-général n'est pas un bon homme; il ne manque jamais l'occasion de se venger : je suis perdu! Aussi, l'abbé Aubertin, s'il ne s'était retenu, eût-il sauté au cou de son supérieur quand il entendit ses premières paroles se poser en arc-en-ciel sur les orages noirs qui couvaient en lui.

—Vous comprenez bien, mon cher monsieur Ordinaire, dit-il, que je ne pouvais offrir à ces dames Loche des saintes qui ne leur eussent été d'aucune utilité ; au lieu qu'en connaissant leurs petits noms, en supposant que je n'aie pas encore ces saintes en silhouttes, je les ferai exprès pour elles ou plutôt pour vous, car s'il me fallait en donner à toutes mes paroissiennes, je n'en finirais plus.

— Mademoiselle Loche l'aînée s'appelle Eudoxie, dit l'abbé Ordinaire.

— Je n'ai pas encore fait d'Udoxie, dit le chanoine.

— Eudoxie, si vous voulez, reprit le vicaire-général, ces dames disent Udoxie, leur société dit Udoxie, mettons Udoxie... la seconde s'appelle Irénée.

— J'ai une Irénée, s'écria M. Aubertin, quel bonheur ! Sainte Irénée, je ne pouvais l'oublier... Elle est même très jolie... vous allez l'avoir tout de suite... je vais la chercher...

Et l'abbé prit sa course à travers le jardin, quoique le vicaire-général lui criât : Monsieur Aubertin, attendez donc, monsieur Aubertin...

Le vicaire-général resta seul sous les tilleuls avec l'abbé Commendeur qui ne disait rien, car il s'étudiait en dedans, et son attention profonde était tournée vers ses intestins dont il se faisait les idées les plus bizarres, n'ayant pas la moindre teinte d'anatomie.

— Quel singulier homme que cet Aubertin, dit le vicaire-général à l'abbé Commendeur.

Il y eut un moment de silence.

— Monsieur Commendeur, dit le vicaire-général, comment vous trouvez-vous ce soir ?

C'était lâcher une écluse, réveiller un homme endormi, rendre la parole à un muet.

— J'ai mon dîner là, dit-il en se touchant le creux de l'estomac, je le sens, il ne passera guère avant trois heures... Ah! monsieur Ordinaire, Dieu vous garde des épreuves par lesquelles mon corps me fait passer... Tenez, prenez ma main, je vous prie... Comment la trouvez-vous? Brûlante, n'est-ce pas... toujours brûlante après le repas; il y a de cela six ans... Auparavant elle n'était jamais brûlante... Mais vous avez la main bien froide, monsieur Ordinaire... Est-ce que le temps se rafraîchirait? Certainement, il est rafraîchi... Je vais rentrer, rien n'est plus dangereux que de se soumettre à l'action des brouillards du soir.... Vous ne rentrez pas ?

— Mais non, le temps n'est pas rafraîchi, pas plus que votre main n'est brûlante, monsieur Commendeur ; ce sont des idées que vous vous mettez en tête ; vous n'êtes pas plus malade que moi.

— Pardon, monsieur Ordinaire ; en sortant de table, le thermomètre marquait vingt-et-un et un dixième ; il est maintenant à vingt-et un juste : la fraîcheur du soir nous a enlevé un dixième... C'est beaucoup qu'un dixième de moins, beaucoup pour la santé... Et vous ne portez pas de calotte sous ces arbres... quelle imprudence! Je sens le froid plomber sur ma tête malgré ma calotte... Monsieur Ordinaire, je vous en supplie, dans l'intérêt de votre santé, ne vous promenez plus après dîner sans votre calotte... Quant à moi, je rentre, si vous le permettez...

Heureusement l'abbé Aubertin revenait juste au moment où M. Commendeur prenait congé du vicaire-général.

— Voilà sainte Irénée, s'écria-t-il d'un air de contentement, car il espérait que sa promptitude à satisfaire son supérieur dissiperait tout à fait les traces du mécontentement qui avait germé dans l'esprit de M. Ordinaire.

— Très bien, dit le vicaire-général, très bien, mademoiselle Loche la cadette sera bien heureuse ; mais je ne peux pas faire plaisir à la cadette seulement, non pas que mademoiselle Loche l'aînée soit jalouse en rien, pauvre demoiselle, elle est si bonne ; cependant il est plus convenable d'offrir les deux silhouettes en même temps.

— Bon, dit M. Aubertin, vous voudriez également sainte Eudoxie, et je ne l'ai pas... Eh bien ! monsieur Ordinaire, pour vous, pour vous seul, mais ne le confiez à personne, je vous prie (et il se pencha à son oreille), j'abandonnerai quelques jours l'Arche de Noé afin de me mettre tout à fait à sainte Eudoxie... Si on le savait ! continua-t-il en baissant la voix, comme s'il se fût agi du plus grand mystère; si on se doutait que j'arrête ce grand travail, alors les demandes pleuvraient.

— Personne n'en saura rien, mon cher monsieur Aubertin, je vous le garantis.

— Je n'en donne à quiconque, dit M. Aubertin, vous êtes le premier, monsieur Ordinaire.

— Je me regarde comme votre débiteur, monsieur Aubertin.

— Pas du tout, c'est un plaisir pour

moi que de vous rendre ce petit service.

— Ces demoiselles Loche vous en sauront beaucoup de gré... Elles reçoivent, vous savez... et je ne dis pas que je ne vous ferai pas inviter chez elles.

— Oh! monsieur Ordinaire, une telle faveur...

— Je ne veux pas être en reste avec vous...

Là-dessus les deux prêtres se séparèrent, chacun très content de sa promenade, le vicaire-général se promettant une joie de la surprise qu'il réservait aux demoiselles Loche, et l'abbé Aubertin se frottant les mains d'avoir su faire comprendre le mérite qu'il attachait à ses silhouettes en se faisant autant prier.

III

Le petit evêque.

Pendant la durée des travaux de restauration de l'évêché, M. de Boisdhyver avait employé utilement son temps à connaître à fond l'esprit du diocèse qu'il était appelé à diriger ; naturellement, il commença par la ville de Bayeux, et il ne se passait pas de jour qu'il ne rendît visite aux autorités locales, non pas de ces visites pleines de politesses, où la conversation roule dans un cercle d'aménités banales, mais, au contraire, l'évêque étudiait à fond les ressources du département, entrait dans les plus petits détails de statistique, de municipalité, car il avait en tête une de ces belles utopies, l'extinction de la pauvreté, qui ont tracassé plus d'un esprit généreux et dont la résolution était toujours si difficile. Après avoir visité les hôpitaux, les prisons, les écoles de toutes sortes, l'évêque prit des renseignements auprès du maire, des conseillers municipaux, des médecins, des prêtres, des magistrats, des sœurs de charité; et quoiqu'il eût amassé un nombre considérable de documents, que son secrétaire écrivait le soir sous sa dictée, il crut n'avoir rien fait, tant qu'il n'aurait pas visité la ville et ses faubourgs dans les plus grands détails. Sans mettre en doute la portée des institutions de charité municipale, M. de Boisdhyver savait, pour l'avoir étudiée à Paris, combien la pauvreté honteuse est difficile à trouver, à secourir, et ce qu'aucun prêtre n'avait fait avant lui, il l'essaya. Son but était de visiter les maisons une à une, indistinctement, de causer avec tous les habitants, de ne s'inquiéter ni de la richesse ni de la pauvreté, d'étudier toutes les classes, de s'entretenir avec l'ouvrier comme avec le marchand, avec le marchand comme avec le rentier, avec le rentier comme avec le noble. En même temps c'était rendre visite à chacun de ses paroissiens; mais avant tout il fallait un secrétaire intelligent, et M. de Boisdhyver crut l'avoir découvert dans un jeune professeur du séminaire qui venait de recevoir le sous-diaconat, et qui était d'une physionomie charmante, ne sentant en rien le séminaire. Cyprien, avec son menton à fossettes, se détachant sur le rabat blanc, avait l'air d'un de ces petits amours galants que les peintres du dix-huitième siècle ont affublés de soutanes, et ont coiffés de calottes, et qu'ils plaçaient au-dessus de toutes les portes, accroupis sous une charmille, aux pieds d'une comtesse fardée; ou faisant la lecture pendant la toilette d'une marquise mouchetée. Cependant Cyprien, quoique dans tout l'épanouissement de la jeunesse et de la beauté, n'appartenait pas à ce groupe de séduisants amours un peu provoquants et hardis, et trop montés en sourires galants. Cyprien était timide, n'ayant jamais vécu dans le monde. Le duvet de l'innocence couvrait ses joues et tempérait la vivacité de ses fraîches couleurs, comme ces poudres de riz qu'emploient les femmes dans leur toilette. Ses yeux purs étaient animés par cette vivacité propre aux jeunes filles de quinze ans. Aucune passion n'avait troublé la figure de Cyprien, aucun désir n'avait troublé son cœur. Ses manières et ses gestes formaient la transition qui mène de l'adolescence à la jeunesse.

Cyprien fut chargé d'un travail immense, qui était d'accompagner l'évêque dans toutes ses visites, d'écouter attentivement la conversation, de prendre note des moindres paroles qui avaient trait aux recherches de M. de Boisdhyver. Ce curieux dossier manuscrit qui, depuis, fut légué à la bibliothèque de Bayeux, montre quels enseignements les hommes haut placés pourraient recueillir dans leur vie, s'ils voulaient s'instruire au contact des petits intérêts et des malheureux. M. de Boisdhyver fut un sublime *visiteur :* la grandeur de sa mission, qui le rendait rayonnant, sa belle physionomie, sa haute intelligence se pliant à tout et ne reculant devant aucun des détails qui eussent pu paraître de peu d'importance à d'autres, ses manières affectueuses lui gagnèrent les cœurs les plus durs, dès qu'il avait franchi le seuil d'une porte. Les ouvriers et les gens du peuple se seraient jetés à genoux devant lui, tant ils étaient émus de l'honneur que leur faisait l'évêque, tant ils le trouvaient simple dans ses conversations et dans ses manières.

M. de Boisdhyver ne perdit pas ses paroles à faire des discours dans les ateliers d'ouvriers : ces moyens, qui produisent un effet momentané, restent sans résultats. Qu'apprendre d'une troupe d'hommes qui vous entourent, vous pressent et ont chacun des intérêts si divers? L'évêque tenait à voir les hommes un à un ; alors, en même temps qu'il s'instruisait, il ne perdait pas son temps en banalités : avec une intelligence assez souple pour se rendre compte d'industries qu'il ne connaissait pas, il avait l'art de se les faire expliquer en peu de paroles et d'en saisir immédiatement les côtés défectueux en matière de salaires. Aussi, chaque ouvrier le croyait-il très fort *dans sa partie*; car, après un apprentissage d'une huitaine, ayant saisi le dictionnaire propre à chaque état, M. de Boisd'hyver put causer avec chaque membre de corps d'états opposés sans faire une faute de technologie.

Aussi dès le premier jour où commença ce voyage charitable, la curiosité publique s'empara du nom de l'évêque et grossit le nombre des visites qu'il avait pu rendre. Les femmes que l'évêque trouva seules en

parlèrent à leurs maris ; les ouvriers le
dirent à leurs patrons, les marchands ar-
rêtèrent les bourgeois dans les rues, et,
dans le principe, l'étonnement précéda
l'admiration. Tout était matière à surprise
dans un événement qui grossit de jour en
jour, à mesure que les tournées de M. de
Boisdhyver prenaient de l'étendue. Chacun les commentait à sa manière ; il n'y
manqua pas même l'esprit d'hostilité et de
dénigrement qui tient la moitié de la place
dans la série des passions de petite ville.
Chaque quartier de la ville étant constitué
presqu'à l'ancienne mode, les pauvres
demeuraient à peu près dans les mêmes rues. Si les corporations d'ouvriers,
telles par exemple, que la rue Massa-
cre, habitée toujours par des bouchers,

avaient fini par se mélanger et à se disperser dans la cité, il n'en restait pas moins certaines rues exclusivement occupées par des ouvriers; d'autres, par des ateliers; celle-ci par des marchands, celle-là par des petits bourgeois, d'autres par la noblesse.

Or, M. de Boisdhyver en allant droit aux pauvres, en descendant aux plus bas degrés de l'échelle sociale, inspira quelque jalousie à la bourgeoisie, qui, craignant de n'être pas visitée par l'évêque, se sentit blessée et manifesta son dépit trop vite.

M. de Boisdhyver, pour avoir rompu à la tradition, fut déclaré *révolutionnaire*, prêtre *constitutionnel assermenté*, épithètes qui prenaient leur source dans la terreur qu'a laissée la révolution dans les provinces, et dans les souvenirs du curé Siblequin, natif de Bayeux, homme remarquable, mais qui eut le tort de se marier en 1794, et dont l'union n'eut pas d'heureuses suites, car il se sépara de sa femme comme il s'était séparé de l'Église ; les habitants de Bayeux voulurent voir un châtiment providentiel dans cette union mal assortie, qui donnait trop de raison aux idées provinciales. M. Siblequin avait assisté, dans la révolution, aux clubs de Bayeux, et se frottait conséquemment aux hommes du peuple. On trouva d'abord quelque analogie entre les fréquentations et les visites de M. Boisdhyver qui allait aux derniers avant d'aller aux premiers. Cependant ces petites criailleries tombèrent dès qu'on sut que l'évêque était entré chez les marchands qui occupent une rue située au milieu du quartier plus particulièrement habité par les ouvriers, et l'opinion publique fut que M. Boisdhyver suivait rue par rue, et que, s'il avait commis la faute d'aller d'abord visiter les pauvres, les riches ne seraient pas oubliés.

Ces visites produisirent chez Cyprien un effet immense, en ce sens qu'elles germèrent sur un terrain neuf et pur. Quoique le zèle du jeune sous-diacre ne se ralentit pas, M. de Boisdhyver savait le stimuler en lui faisant d'ingénieux cadeaux conformes à sa manière de vivre. Cyprien était sorti d'une famille pauvre qui ne pouvait lui fournir rien en dehors de son

modeste traitement. Dès les premiers jours,
M. de Boisdhyver le comprit en remar-
quant le soin avec lequel étaient tenus les
vêtements du jeune prêtre, qui indiquaient
des économies un peu forcées. L'évêque
de Bayeux était un de ces hommes qui,
voulant fermement le bien de tous, loin
d'oublier ceux qui les entourent, savent
provoquer les confidences, sans que celui
qui raconte sa pauvreté en soit blessé.
Cyprien avait une sœur à marier, qui risquait fort de ne pas trouver d'épouseur,
quoiqu'elle fût d'une rare beauté. M. de
Boisdhyver en tint bonne note, mais il
n'oublia pas le frère, et le travail qu'accomplissait Cyprien fut le signal de dons
délicats que l'homme le plus fier n'eût pu
refuser. L'évêque prétendit qu'il voulait

être accompagné par un secrétaire, sinon élégant, du moins à la hauteur de sa mission, et le tailleur reçut l'ordre de tailler au jeune prêtre une soutane dans le drap le plus fin. Chaque dossier de douze pages était payé un louis à Cyprien, et l'évêque trouvait le moyen de faire allonger les dossiers par son secrétaire, toujours pour augmenter la somme.

Après les huit premiers jours de visite, M. de Boisdhyver remit à Cyprien une jolie bourse remplie de pièces d'or.

— Il faut, lui dit-il, que le prêtre puisse à tout moment faire une aumône. Voici, mon cher ami, de toutes petites pièces qu'il est facile de glisser dans la main des pauvres, sans être exposé à trop de remer-

ciments. Ils peuvent croire que vous leur
avez seulement donné une menue pièce
d'argent, et leur joie n'en est que plus
grande quand vous êtes parti.

Cyprien se montra le digne secrétaire
d'un tel homme, modeste, se tenant à l'é-
cart, regardant avec soin l'intérieur de
chaque ménage, épiant la misère cachée
dans une mansarde propre; chacun était
frappé de son mérite et de sa jeunesse.
Aux yeux des bonnes gens, il était l'ange
accompagnant le Messie, qui leur apportait de si bonnes paroles et qui les relevait
dans leur affliction. Le peuple en France a
un instinct subtil pour comprendre le rôle
mystérieux d'un homme dont il ne connaît
pas la vie.

Cyprien fut surnommé le *Petit-Évêque*, et le nom lui resta. On ne pouvait parler de M. de Boisdhyver sans parler du petit évêque : c'étaient alors, suivant la qualité des gens qui s'en occupaient, des propos merveilleux sur la charité de l'évêque et la beauté de son secrétaire. Les vieilles femmes parlaient de Cyprien comme de l'Enfant-Jésus ; il était le sujet d'admirations sans bornes, et sa réputation s'accrut encore quand il fut chargé de distribuer les bonnes œuvres de M. de Boisdhyver. La série des visites de l'évêque dura fort longtemps ; c'était une rude fatigue que d'aller, en recenseur charitable, parcourir chaque quartier, chaque rue, visiter chaque maison, chaque étage, chaque ménage. M. de Boisdhyver se reposait deux fois par semaine, Cyprien une fois seulement. Il avait un jour occupé de plus ; car, après avoir pris note des véritables misères qu'il ne manquait pas de secourir, il y retournait le jour où son supérieur vaquait à d'autres occupations, et portait les secours dont pouvait disposer l'évêque. La charité n'est rien si elle n'est accompagnée de délicatesses qui font que l'homme qui reçoit se trouve à l'égal de celui qui donne. C'était là surtout le fort de M. de Boisdhyver qui ne demandait rien en échange de ses aumônes. Il arrive malheureusement trop souvent que les sociétés de secours religieux créent l'hypocrisie chez le pauvre, qui, pour se faire mieux venir, joue la comédie d'une profonde religion. Alors il se *montre* à l'église le plus tard qu'il peut aux yeux de ses protecteurs, il fait étalage de sentiments pieux pour flatter les dames de charité : entend-il les pas de quelqu'un dans l'escalier, il saute sur son chapelet et l'égrène avec des marques d'enthousiasme affecté; c'est trop souvent ainsi que la charité s'arrête à l'extérieur des pauvres, sans chercher à voir si un masque n'est pas attaché avec des ficelles sur la figure du mendiant. L'évêque jugeait les hommes ce qu'ils sont; craignant de développer cette hypocrisie religieuse qui lui était plus amère que l'incrédulité, il évitait dans ses visites de parler religion, se contentant d'essayer de ramener par la douceur de la persuasion, des âmes égarées. L'homme pieux, par le fait seul qu'il distribue des secours aux pauvres, par sa simple présence dans un galetas, montre assez que le zèle qui l'anime n'est pas inspiré par des sentiments ordinaires. L'acte qu'il accomplit vaut mieux que des paroles : les pauvres gens raisonnent la conduite de leur bienfaiteur une fois qu'il est parti, se demandent quel est le motif qui les fait agir, et, ne trouvant pas dans les intérêts égoïstes de la société de mobile assez puissant pour le pousser à un tel acte, se rendent compte de sa visite mieux que si l'homme de charité leur avait développé un catéchisme banal.

Seulement l'évêque donna quelques conseils à Cyprien :

— Soyez toujours humble auprès du malheureux, mon cher enfant, lui dit-il.

Prenez garde, en entrant dans un logement infect, de laisser paraître la moindre répugnance sur votre figure. Dites doucement au malade : Mon ami, pourquoi n'ouvrez-vous pas votre fenêtre? l'air est si bon, le soleil si pur; je suis sûr qu'un rayon dans cette chambre vous ferait grand bien. En parlant ainsi, ouvrez la fenêtre; vous aurez évité alors de froisser le pauvre. Asseyez-vous à son chevet, près de lui, faites-lui raconter sa maladie; ne manifestez pas d'impatience si le récit est long, car bien souvent vous aurez à écouter toute la vie du malade, qui aime à dire ses nombreux malheurs. C'est une consolation pour lui; il semble qu'il en soit déchargé d'autant. Si vous avez affaire à un malade triste, prenez l'air gai et cherchez à l'intéresser par des paroles qui raniment la joie; ce malade, en vous entendant, sera surpris de ce ton et raisonnera en lui-même que si vous lui parlez de la sorte, c'est que son état n'est pas aussi désespéré qu'il le croyait. Quand la chambre sera en désordre, sale et pleine de poussière, tout en écoutant celui qui vous parle, rangez petit à petit la pièce où vous vous trouvez; ne laissez jamais en vue au malade ces quantités de bouteilles de médecine, ces pots de pharmacie qui rappellent trop vivement à l'esprit de celui qui souffre par quelles souffrances il a passé; en une demi-heure, vous pouvez mettre de l'ordre dans la chambre le plus en désordre. Avec un peu d'air, si le soleil vient à se montrer, vous aurez produit plus d'effet sur le malade que le plus célèbre médecin : ce sera pour lui une métamorphose, et la propreté à laquelle il n'est pas accoutumé donnera à sa chambre l'aspect d'un palais. »

C'est avec de tels conseils que l'évêque rendit à Cyprien sa tâche douce et facile; il avait eu la main heureuse en choisissant un pareil secrétaire de ses actes charitables. Cyprien y mit tout le zèle et toute l'activité d'un jeune homme. Sa bonne nature, qui aurait pu s'endormir au séminaire, se développa à la parole de M. de Boisdhyver, et le titre de *petit évêque* se répandit tellement dans la ville et les faubourgs, qu'il arriva aux oreilles des chanoines, ceux hostiles à l'évêque, qui l'employèrent dérisoirement vis-à-vis de son protégé. Le vicaire-général, M. Ordinaire, était particulièrement outré de la faveur dont jouissait Cyprien. Par quelques paroles sorties de la bouche du supérieur du séminaire, M. Trévoux, on pressentait que le nouvel évêque allait se choisir un entourage jeune, tout en restant dans la limite de ses droits. On ne parlait que de la création des chanoines honoraires sur la présentation de M. Trévoux, et ce simple fait prit les proportions d'une révolution.

L'évêque défunt ne s'était jamais préoccupé des pompes du culte, et se laissait gouverner par ses vicaires-généraux qui, certains de gouverner les chanoines, se gardaient d'en augmenter le nombre en nommant à des places de chanoine honoraire, qui sont un acheminement à des dignités plus positives. M. Ordinaire, jaloux d'imposer sa violente personnalité, se sentait plus sûr de mener un petit groupe d'hommes, et faisait tous ses efforts pour barrer le chemin des dignités de l'Église à de nouveaux prêtres dont il n'était pas certain de gouverner la volonté. Aussi se voyant détrôné tout à coup de la puissance qui flattait son orgueil, le vicaire-général fut-il plus particulièrement jaloux de la place de confiance qu'occupait Cyprien. En faisant plier violemment son amour-propre, M. Ordinaire se fût résigné à n'occuper que la seconde place et à devenir l'instrument de M. de Boisdhyver; mais la faveur à laquelle Cyprien fut appelé, lui montra qu'il était destiné seulement à remplir les fonctions officielles de vicaire-général, et non les offices intimes. Toute sa rancune se tourna vers le petit évêque, qui, dès-lors, fut en butte à ses commentaires dans l'intérieur du séminaire ; mais Cyprien, accomplissant sa belle mission, ne pensait pas qu'on pût s'occuper de lui.

Il avait découvert une famille d'une excessive pauvreté, composée d'un vieillard infirme, de sa femme presque aveugle ; tous les malheurs semblaient s'être donné rendez-vous dans ce grenier. Le vieillard était un ancien militaire qui avait fait les campagnes de l'empire, et qui, à défaut de titres et à défaut de protections sous la Restauration, n'avait jamais pu recueillir le fruit de ses anciens services : d'ailleurs, enrôlé volontaire, il n'avait pu faire le temps qu'on demande aux aspirants aux Invalides ; c'était un homme fier encore et qui eût préféré mourir de faim plutôt que de faire connaître sa position. On l'appelait le père Garnier. Sa femme tenait de lui par le caractère ; jamais elle ne se plaignait, quoiqu'elle fût à plaindre. De jour en jour, sa vue baissait avec la lente régularité que met la nuit à remplacer le jour ; mais cette lenteur qui avait mis six mois à atrophier complétement l'œil droit de la Garnier, lui paraissait plus rapide que l'éclair. Tous les jours, la pauvre femme sentait le progrès du mal, elle voyait, pour ainsi dire, un rideau épais tiré de plus en plus sur son œil affaibli ; un mouvement de plus, les rideaux se rejoignaient et formaient une nuit obscure ; cependant elle ne se plaignait pas plus que son mari, elle attendait son sort avec résignation, assise dans un vieux fauteuil de paille qui était le meuble le plus riche du logement. L'évêque fut frappé de cette misère si digne et recommanda cette famille à son secrétaire.

— Je crois les Garnier plus malheureux que d'autres, dit M. de Boisdhyver, parce qu'ils déguisent leur pauvreté sous la plus grande propreté ; prenez bien garde, mon cher Cyprien, de vous laisser entraîner à une trop grande pitié par le désordre, par un appartement mis à l'envers; non pas que je croie que cela a été arrangé à dessein,

Dieu me garde jamais de pareils soupçons, mais la misère honnête et décente se trouve particulièrement chez les natures fières qui se sentent au-dessous de la position où elles devraient être, et qui ne l'avouent que forcées par les plus grands besoins. N'attendez jamais, mon cher Cyprien, ce cri de la faim qui ne sort de la bouche qu'après mille combats intérieurs plus cruels que la misère elle-même, et là où vous croirez ne rien remarquer d'abord, redoublez d'attention.

L'évêque avait joint la pratique à sa théorie dans ces sortes de missions; il lui était arrivé quelquefois, dans ses visites avec son secrétaire, de ne rien dire, d'ouvrir la porte d'un malheureux, d'y jeter un coup d'œil et d'en sortir en promettant de revenir le lendemain. C'était pour faire l'éducation de Cyprien.

— Que pensez-vous de cet intérieur? demandait M. de Boisdhyver en sortant.

Cyprien rendait compte de ses observations, quelquefois faites en moins de cinq minutes, qui consistaient à saisir d'un coup d'œil l'aspect du logement, la physionomie des hôtes, et de là arriver à la conclusion : si la paresse n'avait pas rendu misérables ceux qu'il venait de visiter, ou si la misère ne les avait pas rendus paresseux. L'évêque était inflexible pour les paresseux ; il les secourait au début, tâchait de leur donner du courage et de secouer l'apathie qui leur garrottait les membres ; mais il avait surtout recommandé à Cyprien de ne pas encourager par des dons fréquents la misère qui devient trop souvent une profession.

Ce fut justement au sortir d'une première visite chez les Garnier que monsieur Boisdhyver connut l'intelligence de son secrétaire et l'utilité qu'il trouverait à l'employer dans ces sortes de missions ; sans avoir parlé aux Garnier, Cyprien peignit si vivement leur situation d'après des observations faites à la volée, que l'évêque ressentit un grand mouvement de joie d'avoir rencontré Cyprien.

On jugera de la difficulté de sa mission quand il s'agissait de présenter les pauvres les plus méritants, car les ressources de l'évêque n'étaient pas infinies, et Cyprien devait être le modérateur équitable des aumônes de monsieur de Boisdhyver, qui trop souvent se laissait aller à un premier mouvement, et versait sa bourse pour s'en repentir le lendemain, si d'autres souffrances frappaient à sa porte et lui paraissaient plus dignes de pitié que les premières. L'évêque avait besoin d'un homme prudent qui veillât sur sa bourse, mais il ne voulait pas confier cette mission à un personnage défiant, trop expérimenté, c'est-à-dire trop âgé, qui ferait des économies, il est vrai, mais qui gémirait sur les aumônes dépensées, et accablerait les pauvres de remontrances. M. de Boisdhyver préférait la prodigalité plutôt que d'employer un tel auxiliaire, car donner en se repentant n'est plus une jouissance, et l'évêque emporté par la charité ne comptait plus ; aussi Cyprien lui fut-il d'un heureux appui, car chaque soir, tête à tête avec son supérieur, après avoir lu les dossiers qu'il tenait de chaque ménage, Cyprien ajoutait de nouvelles observations de vive voix, les soutenait si une discussion s'engageait, et le choix était fait de misères les plus sérieuses.

Au lieu de la soutane un peu vieille, blanchie par endroits, roussâtre par d'autres, d'un noir tirant sur le vert à cause de l'étoffe bon marché qui en était la base, Cyprien avait aujourd'hui une mise recherchée et presque élégante, d'après les ordres de M. de Boisdhyver. Il y a un âge où les habits aussi usés qu'ils soient n'empêchent aucune gaîté dans le caractère : c'est l'âge insouciant qui sert de transition entre l'enfance et la jeunesse; les réflexions ne se sont pas encore emparées de l'homme, il agit encore comme l'oiseau dans l'air, il court dans la vie sans l'analyser et n'en prend que le suc; mais, plus tard, la comparaison, l'observation l'amènent à s'étudier au dedans et au dehors. Cette précieuse liberté du papillon qui folâtre après chaque fleur disparaît : les premiers soucis de la vie commencent à pousser et forment d'immenses champs qui menacent de couvrir les fleurs et les fruits qui sont en nous.

M. de Boisdhyver ne voulut pas que Cyprien connût la gêne, et il entreprit de prolonger la jeunesse de son protégé en écartant avec soin les premières tracasseries de la vie. Comme la nature de son secrétaire était profondément bonne, l'évêque ne craignit pas de le rendre orgueilleux et vain en l'habituant à une recherche dans ses vêtements qui était inconnue aux chanoines de Bayeux. C'était une mère fière de son fils qui va au-devant de ses moindres désirs. M. de Boisdhyver avait fait préparer pour lui dans le nouvel évêché une petite cellule aux murs blanchis à la chaux, dont tout le mobilier consistait en un prie-Dieu et un Christ d'ivoire de la meilleure époque du moyen-âge croyant; une table de bois blanc, une chaise d'église, quelques tablettes en bois et quelques volumes représentaient tout l'ameublement de cette cellule, qui communiquait à une seconde, contenant un simple lit en fer, et dans le lit un matelas et une paillasse.

Ainsi s'était habitué à vivre M. de Boisdhyver, qui trouvait son bonheur à se retirer par moments des splendeurs du monde dans ses deux cellules; mais, rigoureux pour lui-même, il ne pensait pas à en faire partager le stoïcisme à ceux qui l'entouraient. Au contraire, son plaisir était de rêver à mille coquetteries pour les autres et de leur en faire naître le goût. Par ses ordres un mobilier moins simple décora la chambre que devait occuper Cyprien à l'évêché; M. de Boisdhyver voulait que son secrétaire se délassât de ses visites dans un bon fauteuil et qu'il passât des ardeurs nauséabondes d'un pauvre grenier à l'air tendre de ce cabinet décoré exprès pour lui.

— Comment vont vos amis? demanda l'évêque à son secrétaire, car celui-ci ne manquait jamais un jour d'aller rendre visite aux Garnier.

— Ils vont bien, grâce à vous, monseigneur, dit Cyprien... Heureusement ces pauvres gens ne seront plus seuls, maintenant; j'ai rencontré une dame de la ville qui a pris ces vieillards sous sa protection...

— Comment nommez-vous cette dame? demanda M. de Boisdhyver.

— Je ne saurais vous le dire encore, monseigneur, car elle est restée après mon départ et je n'ai pu interroger les Garnier, mais certainement c'est une femme du meilleur monde ; elle est pleine de délicatesse dans les manières ; elle parlait de monseigneur avec reconnaissance, car, disait-elle, c'est à son exemple que j'ai entrepris de visiter les pauvres, et elle trouve que l'aumône faite personnellement rapporte des jouissances qu'elle ne soupçonnait pas, lorsqu'elle faisait distribuer ses dons par les bureaux de bienfaisance. Nous avons causé longuement ; le plus grand désir de cette dame est de se trouver avec monseigneur et je lui ai fait espérer cette rencontre pour la semaine prochaine chez les Garnier.

— Vous avez parfaitement agi, mon cher Cyprien, dit l'évêque, je tiens à m'entourer de personnes recommandables par leur piété, leur distinction, et il me sera utile de les connaître avant mon installation à l'évêché.

A la visite que ne manqua pas de faire le lendemain Cyprien chez les Garnier, il retrouva avec plaisir madame Le Pelletier, qui, de son côté, attendait des nouvelles de l'évêque. Madame Le Pelletier était la veuve du président Le Pelletier, qui mou-

rut regretté de tout le pays en laissant une
de ces réputations d'homme de bien si
communes sur les monuments funèbres
et si rares dans la vie. Président à la cour
de Rouen, M. Le Pelletier montra une telle
impartialité dans les fonctions de magistrat si difficiles à cette époque, qu'il s'acquit l'estime des honnêtes gens et même
de ceux qui, tout en faisant plier leur conscience aux événements, ne pouvaient
s'empêcher d'admirer l'intégrité du magistrat : c'était à l'époque de la *terreur
blanche* surtout que M. Le Pelletier se montra inflexible dans son sentiment; si les
ministres de la Restauration eussent pu
casser ce fonctionnaire qui osait conduire
les débats avec impartialité, M. Le Pelletier perdait sa place; cependant il paya

son honnêteté d'une vie médiocre, car, loin d'obtenir l'avancement qui était dû à ses hautes connaissances en droit, il resta avec ses modiques appointements de président, en butte aux sourdes dissensions des membres du parquet qui étaient tournés contre lui, et il préféra donner sa démission pour se retirer à Bayeux où il était né. Là, continuant ses travaux de droit qui lui avaient valu une importante réputation de légiste au barreau de Paris, il consacra son temps à ses études favorites, travaillant pour les librairies de droit et livrant la moitié de la journée à ses concitoyens qui affluaient de cinq lieues à la ronde. Il devint ainsi le conseil du pays Bessin, connu par sa manie de procès, et les jours de marchés, la rue Saint-Jérôme où il demeurait, était plus tumultueuse qu'un club : tous les paysans se donnaient rendez-vous à sa porte et discutaient à haute voix leurs affaires avant d'être reçus. La servante introduisait un à un les clients, qui sortaient la tête haute ou la mine basse, en goguenardant et en se taisant, car l'opinion de M. Le Pelletier avait une telle autorité que chacun se sentait victorieux ou vaincu suivant que le président avait parlé. Les procès n'en allaient pas moins leur train ; échappé à l'influence de M. Le Pelletier, le paysan se révoltait, oubliait de prudents conseils et voulait avoir raison.

On pourrait croire que le président avait une belle fortune ; loin de là, il ne laissa à sa veuve qu'une rente modique de trois mille francs. Les commentaires du Code civil, de M. Le Pelletier, qui font encore autorité, lui prirent toute sa vie et furent peu payés; et les consultations qu'il donnait à Bayeux étaient entièrement gratuites. Le président, qui ne rêvait que le bien et qui voyait la plaie de la Normandie s'agrandir de jour en jour par la manie processive, essayait d'y mettre obstacle par l'autorité de sa parole. Aussi, sa mort fut-elle un deuil général, les boutiques de son quartier furent fermées la matinée jusqu'après le convoi, et les paysans des environs qui n'avaient pas toujours suivi les sages conseils du président, témoignèrent par leur présence des regrets qu'inspirait sa perte au pays.

Madame Le Pelletier, citée dans sa jeunesse pour une des plus belles femmes de la Normandie, serait morte de chagrin si elle n'avait eu une fille à élever; la mère se retira tout à fait de la société pour vivre dans une maison modeste de la basse ville, et après avoir retranché le plus qu'elle pouvait sur le train de maison, qui n'était cependant très brillant du vivant du président, elle puisa dans la religion un calme et une tranquillité qu'elle n'eût pu soupçonner alors que son mari vivait encore. C'était une femme de quarante-cinq ans, que la mort de son mari avait vieillie prématurément, mais qui conserva toute sa jeunesse dans les yeux.

Ainsi que toutes les personnes qui n'ont

pas eu à supporter les violents ravages des passions, les yeux de la veuve étaient purs comme ceux d'une jeune femme; la bonté la plus grande paraissait sur ses lèvres doucement souriantes. Madame Le Pelletier tenait de ces aimables vieilles femmes qui se sauvent toujours par un coin du visage, et qui font plaisir à regarder si une véritable qualité du cœur apparaît au milieu des rides. La laideur, la vieillesse n'existent plus quand quelque chose de vivant se dégage du milieu de ces ruines. A soixante-quinze ans, la veuve du président devait garder ces précieuses qualités qu'envient les méchants sans s'en rendre compte, et qui constituent le *charme*, un des mots les plus beaux de la langue française. Madame Le Pelletier avait le charme, et M. de Boisdhyver, quand il la rencontra, fut frappé de cette belle physionomie qui apportait son rayonnement dans la mansarde des Garnier.

IV

L'aveugle.

Un matin que le père Garnier rangeait son grenier en se traînant de son mieux sur ses jambes affaiblies, il entendit le lit crier, car un simple mouvement faisait chanter le bois vermoulu : c'était sa femme qui se retournait. Garnier s'arrêta, respectant jusqu'aux agitations du dernier sommeil et prenant garde de réveiller par le moindre bruit la pauvre malheureuse pour qui le repos était un bienfait. Les gens souffrants qui peuvent oublier leurs maux dans le sommeil, regardent la nuit comme une faveur inappréciable, et ceux qui craignent le plus la mort rêvent des sommeils sans fin qui leur semblent autant de gagnés sur la vie. Garnier s'était assis avec peine, et attendait, pour reprendre soin du ménage, que sa femme fut endormie de nouveau ; comme il n'entendit plus aucun bruit, il se remit à sa besogne, qui consistait à ne laisser aucun grain de poussière sur les meubles.

— Garnier, cria la femme, tu t'es levé bien matin aujourd'hui.

Le mari étonné de cette question, regarda le rayon de soleil qui formait un angle auprès de la fenêtre et qui constituait le système d'horloge de la mansarde.

— Il est dix heures, répondit-il.

La femme poussa un grand cri :

— Dix heures ! il y a donc beaucoup de brouillard ?

— Il fait un temps superbe, dit Garnier inquiet: Tu ne vois donc pas le soleil?

— Ah! mon pauvre homme, je ne vois plus... viens auprès de moi... Quel malheur! mon Dieu!... C'est fini, je suis aveugle... Seigneur, est-il possible!

Il y avait un tel désespoir dans ces paroles entrecoupées, que le vieillard reprit assez de forces momentanément pour courir au lit de sa femme, dont les yeux s'agitaient avec la mobilité impatiente de quelqu'un qui tourne une clé avec colère dans la serrure, espérant la forcer par des mouvements violents.

— Me voilà, ma pauvre femme, dit Garnier qui ne put parler davantage, car les larmes lui coupaient la parole, et il était effrayé des gestes convulsifs de sa femme, qui palpait ses habits avec désespoir, qui s'accrochait convulsivement à ses mains, à sa tête, en essayant de reconnaître par le toucher les formes extérieures.

— Tu ne me vois pas? dit le vieillard, ne pouvant se faire à l'idée d'une cécité complète.

Les yeux de la Garnier étaient ouverts et leur mobilité ne pouvait laisser supposer qu'ils étaient morts.

— Je ne te vois plus, mon pauvre homme, dit-elle. Quelle affliction!... Est-ce que cela va durer longtemps?

— Ce n'est pas possible, ma chère femme ; je vais aller chercher le médecin.

— Oui, tout de suite, cours auprès du médecin... Non, reprit-elle, reste auprès de moi; je serais trop seule dans cette nuit... Ah ! ne plus voir le soleil, le jour, ma chambre ! Qu'est-ce que j'ai fait au bon Dieu pour qu'il m'éprouve si tristement ? Si je dois vivre ainsi, j'aime mieux mourir tout de suite. Laisse-moi ta main, Garnier, que je la touche, tu ne me quitteras plus jamais, n'est-ce pas ? Tu resteras à côté de moi; sur une chaise, près du lit... Et elle interrompait ses paroles par des flots de larmes, que le mari tâchait d'apaiser par des paroles de consolation.

— Ne t'inquiètes pas, ma femme, on ne t'abandonnera pas... Quand Monseigneur l'évêque va connaître notre malheur, il viendra avec son jeune homme que tu aimes tant; et puis madame Le Pelletier est là...

— Oui, dit la femme d'un ton mélancolique, ils sont si bons! et c'est justement ce qui me fait de la douleur... Je ne les verrai plus, je n'oserai pas les toucher comme je te fais; je ne verrai plus la figure de Monseigneur l'évêque, qui nous faisait tant d'honneur en venant à la maison; rien que de le voir, j'étais si heureuse! Il a quelque chose dans le regard qui ne ressemble pas aux autres hommes; il impose, et cependant on n'est pas gêné devant lui... Quand il me regardait, je sentais que mes paroles ne pouvaient pas rester en moi et coulaient tout naturellement vers lui... Dire que je ne le verrai plus!

— Ne perds pas courage, ma pauvre femme, reprenait le vieillard, ne pleure pas comme ça, tu me fends le cœur.

— Ah! je n'aurai jamais assez de larmes pour pleurer la lumière. Vois-tu, je cherche à me la rappeler, il n'y a rien de plus beau sur la terre. Que c'est beau le jour! et je ne le verrai plus, ni le ciel, ni les nuages, ni les étoiles... On ne sait pas ce que c'est quand on en jouit. Quelle privation! grand Dieu! Penser qu'il faut rester assise toute sa vie sans pouvoir bouger, marcher, regarder... Ah! que ça fait de mal.

— Tu t'affectes trop, femme, on dirait que tout est désespéré; laisse venir au moins le médecin, qu'il dise ce qui en est... ces maladies-là s'en vont comme elles viennent... tu n'es pas la première qu'on guérit de l'aveuglement.

— C'est fini, bien fini, je le sens, disait la Garnier.

— Ma femme, écoute-moi donc; si tu

avais fait des mauvaises actions dans ta vie, on dirait c'est juste, c'est une punition du ciel, mais pourquoi veux-tu être éprouvée par une maladie si cruelle puisque tu ne le mérites pas... il y a une justice pourtant !

Mais la Garnier n'écoutait plus son mari ; elle était prise d'un désespoir sourd qui lui enlevait toute espérance ; elle se roulait dans son lit, enfonçait sa tête dans un maigre oreiller et ne voulait pas entendre les consolations du vieillard, pris également du même découragement. En présence de ce grand malheur subit, il craignait que sa femme ne perdît la raison, et il était frappé peut-être plus vivement que l'aveugle de ce coup imprévu.

Quand la Garnier relevait la tête, son mari ne pouvait la croire entièrement privée de la vue; sans doute ses yeux étaient rougis, mais par les larmes qu'elle répandait depuis son réveil. Leur mobilité perpétuelle était aussi horrible à regarder que les débats d'un moribond qui lutte contre la mort... Dans son agitation, la Garnier avait porté la main à sa coiffe, et il en sortait quelques longues mèches de cheveux gris qui flottaient sur sa figure; les agrafes de sa vieille camisole de laine s'étaient rompues et laissaient voir une poitrine jaune, osseuse, qui semblait attachée au menton par les cordes du cou. La misère et la vieillesse avaient creusé des caves sur les épaules, au-dessous du menton, et le désespoir mettait en jeu tous les muscles, qui avaient résisté à la fatigue et aux chagrins mieux que les chairs.

Le vieillard perdait la tête, se demandant s'il devait aller chercher le médecin pour rendre quelque courage à sa femme ; mais il marchait difficilement, cette course lui prendrait plus d'une heure, le docteur pouvait être absent : pendant ce temps, que deviendrait la Garnier? La laisser seule était impossible : son délire pouvait augmenter, elle s'échapperait peut-être de son lit, se jetterait par la fenêtre. L'homme réfléchissait à toutes ces raisons pendant que sa femme, brisée par l'émotion, était arrivée tout à coup à un profond silence, la tête toujours enfouie dans l'oreiller. Ce calme subit inquiéta le vieillard plus que l'explosion de la douleur ; il ne savait qu'en penser : il se leva de sa chaise et approcha sa tête de celle de la Garnier, afin de recueillir un sentiment de vie chez la malade ; mais elle s'était tellement creusé un trou dans l'oreiller, que son souffle n'arrivait pas jusqu'au vieillard.

— Ma femme ! s'écria-t-il, ma femme ! parle-moi ; réponds donc, je t'en prie.

La Garnier ne faisait aucun mouvement, quoique la voix de son mari prît des inflexions de tendre douleur qui eussent tiré des larmes des cœurs les plus indifférents.

— Joséphine, disait-il, mon ange! ne me laisse pas seul parler, de grâce... Ah!

Comme ses supplications n'avaient aucun résultat, le vieillard retomba sur la chaise comme une chose qui tombe; la tête pendit sur la poitrine, et il resta ainsi, n'ayant conservé de la vie que le sentiment d'une douleur immense.

Jamais, depuis le commencement de leur longue union, le ménage n'avait été mis à pareille épreuve; la vie des deux époux s'était écoulée pauvre, mais simple, sans grandes douleurs, sans grands chagrins; ils s'étaient aimés jeunes, et une douce amitié s'était enracinée plus profondément avec chaque année qui s'écoulait. Jamais la pensée ne leur vint qu'ils pouvaient être séparés l'un de l'autre, car celui qui serait resté seul sur la terre aurait trouvé son existence plus pénible que dans un désert abandonné. Ils avaient vieilli de la sorte sans le sentir et sans presque s'en apercevoir ; ils se voyaient toujours avec leurs yeux de vingt ans, et les rides et les cheveux blancs, et la voûte qui accable le corps, et leurs vieilles histoires de jeunesse qu'ils se racontaient tous les jours ne les choquaient en rien ; car une affection profonde dorait leurs souvenirs et chassait loin d'eux toute idée pénible.

Aussi le mari ressentit un coup douloureux quand la malade cessa de lui répondre : c'étaient des gens naturels, sans passion, qui n'avaient jamais été tracassés dans la vie par l'ombre d'une querelle ; si l'un parlait, l'autre répondait, toujours avec bienveillance et douceur : ils ne connaissaient même pas ces petits orages légers qui rendent les réconciliations plus aimantes ; ils vivaient unis, le cœur plein de ce rare bonheur que cause l'affection de deux caractères égaux. L'homme ne savait pas ce que c'était que de commander à la femme, la femme ignorait comment on chagrine un homme. La pauvreté était venue petit à petit avec les années, mais elle était moins forte que l'amitié des deux vieillards, et si elle leur faisait quelques égratignures, jamais elle parvenait à les terrasser entièrement, en un jour l'édifice de cet honnête ménage était renversé par la maladie cruelle que le vieillard n'avait jamais osé soupçonner. Tout le passé tranquille vint se représenter devant Garnier, qui, par instant, croyait son malheur un rêve, et, une minute après, grossissait la maladie et voyait la pauvre femme morte, puisqu'elle ne répondait plus à sa voix. La première crise avait produit chez la Garnier un affaissement si profond qu'on eût pu la juger, au premier abord, privée de sentiment.

Cyprien entra, et quoique la porte fît du bruit sur ses gonds rouillés, le vieillard ne releva pas la tête.

Étonné de ce silence, auquel il n'était pas habitué, Cyprien s'avança discrètement au milieu de la chambre, et fut frappé du tableau qui s'offrait à ses yeux : le lit était en désordre, la Garnier étendue comme un paquet, la face tournée vers l'oreiller, sans donner signe de vie. Cyprien crut d'abord que la mort était entrée dans ce pauvre grenier, et la douleur morne du vieillard le confirmait dans cette idée. Pour la première fois, le jeune homme assistait au spectacle de ces immenses douleurs qui laissent peu de place à la consolation. Il resta ému, inquiet au milieu de la chambre respectant l'abattement du mari; mais celui-ci, ayant fait un mouvement pour reprendre courage, s'aperçut tout à coup de la présence de Cyprien.

— Ah! monsieur... s'écria-t-il.

Et il lui prit les mains qu'il baisa en les arrosant de larmes. En même temps, il lui montrait sa femme étendue dans le lit. Ils ne se dirent pas un mot, car la parole est trop au-dessous de la douleur pour pouvoir l'exprimer ; mais Cyprien alla droit au lit, écarta les bras de la Garnier, qui entouraient convulsivement l'oreiller et qui lui masquaient la figure ; la faible chaleur qu'il trouva chez la femme lui rendit du courage, car il pensait que la mort seule pouvait amener un tel désespoir.

— Elle vit! dit-il.

— Vrai! monsieur, s'écria le vieillard.

Cyprien prit la main de Garnier et la plaça dans celle de la malade après l'avoir desserrée, car les doigts contractés offraient quelque résistance.

— Elle aura eu une attaque, dit-il.

— Rien qu'une attaque, reprit presque gaîment le vieillard; vous ne me trompez pas?

— Aidez-moi, je vous prie, à retourner

votre femme et à la placer commodément sur le dos.

Mais Garnier écoutait à peine Cyprien ; une joie aussi grande que sa douleur le remplissait tout entier et mettait ses membres en mouvement sans que sa volonté y prît part. Il sautait autant que ses faibles jambes le lui permettaient, chantait, se frottait les mains et ne s'inquiétait plus de la maladie de sa femme. Elle était vivante encore ; voilà ce qui le frappait : hors de là, les autres idées n'avaient pas prise sur lui.

Cyprien comprit ce délire et s'acquitta seul du soin de veiller à la malade. Il rajusta les draps, les couvertures, plaça les bras de la Garnier hors du lit et rentra les cheveux sous la coiffe de la vieille, de façon à lui rendre une espèce de calme extérieur. Une mère n'eût pas montré plus de soin pour sa fille. Puis il la laissa un moment pour chercher quelque objet dans la chambre.

— Avez-vous du vinaigre? demanda-t-il au vieillard.

— Oh! vous êtes bon, vous! s'écria Garnier pour toute réponse. Et il cherchait à prendre les mains de Cyprien, qui n'avait pas le temps de donner cours à la reconnaissance du mari, fouillait partout dans les armoires, sur les meubles, et ne trouvait rien pour rappeler la Garnier à la vie ; le vieillard suivait Cyprien pas à pas, ne pouvant se détacher de celui qu'il regardait comme l'ange gardien de la maison. Le jeune prêtre ayant aperçu un grand pot à beurre en grès qui contenait de l'eau, en remplit un verre, retourna près de la malade et lui en frotta les tempes ; mais déjà elle avait reprit ses sens.

— Qu'est-ce que tu fais ? demanda-t-elle en sentant un linge mouillé sur sa figure, croyant que son mari s'acquittait de cette fonction.

— Te voilà revenue ! s'écria joyeusement le vieillard en se jetant sur elle et en la pressant dans ses bras.

Cyprien tira Garnier par la main.

— Laissez-la un moment reprendre ses esprits.

— Qui parle donc ? demanda la Garnier.

— Elle ne vous reconnaît plus, dit tristement le vieillard : c'est M. Cyprien, ma femme.

— Ah ! il est venu... seul ?

Garnier, étonné, ne comprenait pas ces questions, et pensait que la maladie de la Garnier était une absence complète de facultés.

— Elle ne vous voit plus, monsieur, lui dit bas à l'oreille le vieillard, ni moi non plus.

Cyprien porta par une sorte d'interrogation muette la main à ses yeux.

— Oui, répondit Garnier d'un signe de tête.

Le jeune prêtre alla au lit de la malade.

— Comment vous trouvez-vous, madame Garnier ?

— Bien désolée, monsieur.

Alors elle entra dans le récit de ses sensations, depuis qu'elle s'était réveillée et qu'elle avait senti la lumière perdue pour toujours ; elle faisait ce récit avec des mots simples, mais d'une impression navrante. Le son de sa voix tenait du sanglot et se reproduisait comme un écho sur les traits du vieillard dont la douleur avait changé de face depuis le matin. Maintenant, il paraissait résigné ; mais chaque pli, chaque ride de son visage étaient empreints d'une profonde tristesse muette que rien ne pouvait combattre.

Cyprien essaya de rendre courage à ces pauvres gens par des paroles pleines de consolation. Il n'était pas encore blasé par la misère, la douleur, les afflictions de l'esprit et du corps : la sensation qu'il en ressentait faisait que l'accent de sa voix était à l'unisson de ceux qu'il plaignait.

Monseigneur serait avisé par lui le même soir du cruel événement arrivé aux Garnier, et l'intérêt qu'il avait montré jusqu'ici aux Garnier ne pouvait que s'accroître. Quoique ignorant en médecine, Cyprien ne craignit pas d'affirmer que la science avait des ressources nombreuses, et qu'il était certain qu'on arriverait à améliorer l'état de la malade. Celle-ci écoutait avidement les paroles de Cyprien, et, quoiqu'elle doutât de sa guérison, elle trouvait une grande consolation à l'entendre parler ainsi. Quand il crut avoir remonté le moral de la Garnier, Cyprien se leva.

— Je vais aller chercher le docteur Richard.

— J'irai bien, dit Garnier; il me semble que depuis que vous êtes entré, mes jambes sont revenues.

— Le docteur demeure trop loin, dit Cyprien.

— Monsieur, dit la Garnier, j'ai une

prière à vous faire. S'il y avait une opération, je voudrais vous savoir là.

Cette visite, quoique de courte durée, avait produit le plus grand bien dans la famille; la consolation pénétrait doucement dans le cœur des deux époux et atténuait les scènes poignantes de la matinée; le dévouement de Cyprien s'était montré tel qu'on le pressentait, sincère et durable. Trop souvent la pitié s'émousse en présence de grandes infortunés et se change en indifférence. Un homme peut être frappé par le spectacle de misères profondes; il est attendri, ému, il devient meilleur sur le moment, s'étonne que le dénûment puisse arriver à des effets si pénibles; il délie sa bourse, la vide dans les mains du malheureux, et sort le cœur content d'avoir fait une bonne action. A la seconde visite, à la troisième, il retrouve toujours ses pauvres dans le même état ; l'impression n'est plus si vive, ses yeux restent secs, son cœur muet ; il délie plus lentement les cordons de sa bourse, s'étonne que son premier don n'ait pas tiré le malheureux de l'infortune. En sortant, il raisonne qu'il est impossible d'éteindre la misère, que la fortune du plus riche banquier n'y suffirait pas, qu'il y a de la faute des malheureux : insouciance, paresse ; il conclut qu'ils sont voués fatalement à la maladie, à la misère, à la mort. Ayant ainsi fait sa paix avec sa conscience, il n'y retourne plus et se montrera désormais l'adversaire le plus résolu des gens qui souffrent de la faim. Mais la charité toujours durable, se retrempant au sein du malheur, ne raisonnant pas, à l'état de qualité permanente, c'est ce qui se rencontre rarement et ce qui excite souvent la défiance de celui qui reçoit. Quelquefois on s'étonne de trouver le malheureux froid et ne montrant pas cette reconnaissance enthousiaste à laquelle on n'a pas droit (car elle constituerait un paiement immédiat du bienfait). Les malheureux ont un tact très fin comme les malades acquièrent des perceptions particulières ; ils pressentent souvent la nature de l'offrande, d'où quelques uns en arrivent à l'incrédulité, à l'ingratitude. Les torts sont égaux de part et d'autre.

Il y avait dans les moindres actes de

Cyprien, dans ses gestes, dans sa voix, des marques telles de compassion que les plus aigris des malheureux eussent senti leurs doutes fondre comme les premières neiges au soleil. Sa jeunesse et sa belle figure ramenaient les cœurs à la confiance, et les Garnier avaient subi cette douce influence aussitôt qu'il avait parlé. Pendant son absence, il ne fut pas question entre les époux de la maladie qui était venue s'abattre à l'improviste sur le ménage, ils s'entretenaient de Cyprien avec attendrissement ; l'aveugle avait été consolée par ses paroles ; c'était un concert de pieuses bénédictions qui s'échappaient du cœur des deux vieillards en l'honneur du jeune prêtre. Il revint bientôt, n'ayant pas rencontré le docteur Richard, appelé dans les environs pour un cas grave. Il devait arriver seulement le soir à Bayeux, et Cyprien promettait de l'amener le lendemain. Les malades subissent aussi spontanément que la température des variations dans leur moral ; les uns se croient guéris rien que par l'idée que le médecin va arriver ; les autres retombent dans l'abattement absolu si le médecin retarde sa visite de quelques minutes. La Garnier subit cette impression commune à tous les malades partagés entre le doute et l'espérance : elle retomba non dans la crise où l'avait trouvée Cyprien, mais dans un état de triste affaissement qui fut heureusement coupé par l'arrivée de madame Le Pelletier et de sa fille.

D'un coup d'œil, Cyprien fut frappé de

la beauté de mademoiselle Suzanne Le Pelletier, dont les yeux bleus remplissaient l'esprit de tous ceux qui la voyaient du souvenir de bluets dans un champ de blés. Le bleu était tellement accusé, franc et pur dans ces beaux yeux, que la nature seule pouvait prêter à des sujets de comparaison : un peintre n'eût pu les représenter qu'en faisant passer dans ses pinceaux le calme et la pureté des ciels italiens. Après les yeux, les cheveux appelaient immédiatement le regard par leur épaisseur, la pureté de leur blond, qui n'offrait pas cette couleur un peu trop égale commune aux blondes, mais qui devenait fauve-doré à la racine. Il n'y avait pas besoin d'entendre la voix de la jeune fille pour deviner quel son de cristal s'échappait de ce cou blanc, d'une forme élégante, sur lequel était posé une figure souriante et fraîche comme l'eau qui coule d'un rocher.

En rentrant, Suzanne rougit de se trouver en présence d'un étranger, et le sang le plus rose vint inonder sa figure pour redescendre aussitôt après. A voir ce sang s'ébattre si librement, on eût dit qu'il avait l'orgueil de sa pureté, de sa jeunesse, et qu'il prenait plaisir à se montrer et à disparaître avec malice. Des fossettes à l'état naturel et sans que Suzanne sourît appelaient les yeux vers les joues de sang et de lait de cette belle personne. La vie, la santé, la jeunesse, le calme se montraient avec ses dix-sept ans sur chaque trait de la jeune fille, belle sans le moindre apprêt. Les cheveux étaient noués sans efforts ; il était visible qu'aucune main étrangère n'aurait su les disposer dans une simplicité si charmante. Suzanne portait de petites mitaines de dentelle noire à jours qui faisait ressortir la gentillesse de ses doigts comme une négresse à nez épaté sert à mieux faire comprendre la jeunesse des courtisanes qui se voient dans les œuvres des maîtres italiens. La respiration agitait doucement une poitrine qui tenait tout à la fois de l'enfance et de la femme de vingt ans.

Suzanne était le type le plus complet de la jeunesse qui se laisse vivre tranquillement sans les soucis, les déceptions, les amertumes qui sont postés plus loin et qui attendent deux ou trois ans l'âge où il leur est permis de se montrer ; mais une certaine bonté insouciante qui régnait sur toute sa physionomie, chassait l'idée des misères de la vie. Suzanne ne paraissait pas devoir vieillir, elle n'aurait plus été Suzanne. C'était en même temps un plaisir et une consolation que de la regarder, et de rafraîchir ses yeux par la vue d'une si fraîche santé. L'homme le plus triste eût emporté un sentiment de félicité en rencontrant Suzanne dans ses costumes qui avaient toujours quelque chose de printanier. Elle était venue chez les Garnier avec une robe de toile blanche à petites fleurs roses ; un chapeau de paille d'Italie, rehaussé par quelques coquelicots, un nœud de rubans cerise au cou formaient toute sa toilette sans prétention, et ces simples vêtements prenaient sur sa personne une élégance, une distinction qui donnaient aux étoffes une marque particulière.

Cyprien se retira quelque pas en arrière afin de laisser approcher madame Le Pelletier près du lit de la malade ; mais c'était plutôt pour cacher l'effet que lui avait produit l'entrée de Suzanne, la première femme qu'il semblait rencontrer ; la veuve du président salua le jeune prêtre d'un de ses sourires affectueux, les signes de francmaçonnerie entre les personnes vouées au bien qui, d'un coup d'œil, lisent dans l'âme si de vrais sentiments charitables y sont enfouis. Les joues de Suzanne s'em-

pourprèrent de nouveau en passant près
de Cyprien; pour lui, il alla discrètement
dans l'embrasure de la fenêtre, afin de
laisser madame Le Pelletier causer librement avec la malade.

Malgré les bons soins que Cyprien avait
eus pour la Garnier, il était difficile au
jeune prêtre de remplacer l'action d'une
femme : tout homme qui a été soigné dans
une maladie par une femme qui s'inté-
resse à lui, sait quelles délicatesses exqui-
ses viennent surprendre le malade et lui
faire oublier momentanément son état. La
voix de madame Le Pelletier, quoiqu'elle
fût douce ordinairement, prenait des inflexions plus douces encore au chevet de
l'aveugle. Chacune de ses paroles portait

avec elle l'espoir, la confiance, la guérison, et quand à cette voix succédait celle de sa fille, on eût cru entendre un séraphin qui répondait à un ange. Ces deux timbres si purs résonnaient dans le cerveau de Cyprien et le jetaient dans une extase semblable aux émotions que fait éprouver le génie musical, lorsque, éclatant en symphonies suaves, il transporte l'homme dans des régions purifiées où les angles de la vie matérielle disparaissent, la pensée s'enfuit, les facultés de réfléchir manquent. Où se trouve-t-on? on ne le sait. La conscience du corps n'existe plus; c'est alors seulement que l'homme sent son âme, qui se révèle par ces facultés nouvelles éveillées subitement. Cyprien se laissait aller doucement à cet état plus

doux que le pays des rêves; et il était
d'autant plus dans l'enchantement que
jusque-là il n'avait rencontré de femmes
que les paysannes de son village, les femmes de charge du séminaire et de l'évêché
et qu'il ne soupçonnait pas cette pureté
d'accents.

De temps en temps, la voix de la Garnier, qui répondait aux questions de madame Le Pelletier, servait de contraste
encore plus frappant. Cyprien serait resté
toute une journée à écouter ces voix,
comme on écoute le rossignol et les caprices naïfs de son gosier. L'aveugle ressentait vivement l'effet de la présence des
deux dames ; elle semblait oublier son
infirmité depuis qu'elle les sentait près de

son lit, et sa conversation tenait plutôt de la causerie d'une vieille femme que des pensées d'une personne souffrante.

— Je me sens mieux, disait-elle, beaucoup mieux depuis que vous êtes là, madame... Tiens, Garnier, prends ma main, maintenant. N'est-ce pas que je l'ai moins brûlante ?

Le mari faisait des gestes de compassion et en même temps de remercîment pour les dames Le Pelletier.

— A la bonne heure, madame Garnier, vous êtes plus raisonnable... sans doute votre maladie est cruelle, mais en vous tourmentant vous augmentez le mal, et je suis persuadée que M. Richard mettra bon ordre à votre vue.

— Nous vous enverrons aussi madame Richard, dit Suzanne... vous ne la connaissez pas, madame Garnier ?

— Non, mademoiselle.

— Madame Richard vaut son mari, continua madame Le Pelletier, et le docteur le dit bien ; elle sauve autant de malades que lui... Pour terminer une cure, M. Richard ne manque pas d'envoyer sa femme… Vous aurez là, madame Garnier, deux bien bons médecins, et bien dévoués. Il me semble que je serais volontiers malade rien que pour avoir auprès de moi le docteur… Connaissez-vous M. Richard, monsieur l'abbé? demanda madame Le Pelletier en s'adressant à Cyprien, que cette question fit retomber sur la terre.

— Non, madame ; j'espérais le ramener tout à l'heure, malheureusement il était absent de Bayeux.

— Vous verrez un de ces hommes si rares qui se consacrent, comme monseigneur, à secourir l'humanité.

Madame Le Pelletier avait adressé la

parole par politesse à Cyprien, car elle
s'étonnait de le voir rester dans l'embrasure de la fenêtre sans mot dire ; mais
le jeune prêtre se laissa aller de nouveau
à ses rêveries, et il n'en fut tiré que par
un certain mouvement autour de la malade ; madame Le Pelletier s'était levée et
se dirigeait du côté de la fenêtre. En entendant les pas de la veuve du président
Cyprien revint entièrement à lui.

— Cette pauvre femme, dit-elle, est
bien désolée, monsieur, et cependant elle
montre une vive reconnaissance pour les
soins dont vous l'avez entourée depuis ce
matin...

Madame Le Pelletier demanda conseil à

Cyprien sur les moyens les plus propres à adoucir l'infortune des Garnier; mais le jeune homme ne répondait pas, il regardait à loisir la veuve du président et cherchait dans ses traits les traits de sa fille. En ce moment, Suzanne rendait de petits services à l'aveugle et Cyprien préférait ne plus rencontrer ses regards. Madame Le Pelletier sans s'en douter, reflétait sa fille : la même somme de bonté paraissait sur sa figure, et quoique ses cheveux et ses yeux ne fussent pas de la même couleur, certains traits de la figure rappelaient directement Suzanne ainsi que l'ensemble de la physionomie et de la personne. D'après madame Le Pelletier, on pouvait prévoir ce que serait sa fille à quarante ans. Suzanne appela sa mère, lui parla bas, et à quelques gestes des deux dames, Cyprien s'aperçut qu'il était question de faire le lit de l'aveugle. Il en profita pour demander la permission de s'éloigner, promettant d'amener le lendemain le docteur Richard.

V

Le pouvoir civil et le pouvoir religieux.

Le village des Vertes-Feuilles est situé à quelques lieues de Bayeux; il est desservi par l'abbé Caneva, prêtre rigoriste qui faillit occasionner une émeute dans sa paroisse. Le pays normand a conservé dans certaines parties une religion profonde et une foi d'autant plus grande qu'elle avait eu à s'amoindrir sous la révolution. Parmi les membres de la congrégation des filles, on remarquait Luce Niquet, la fille d'un bûcheron du pays qui, jusqu'alors, avait été citée pour la plus sage du village ; grâce à sa renommée, elle tenait la tête dans les processions, et M. Caneva, dans les conférences publiques, ne manquait jamais de la citer pour exemple à ses compagnes.

Luce Niquet était naïve comme une enfant, quoiqu'arrivant à sa dix-huitième année ; elle travaillait à la moisson et aucun garçon du village ne pouvait se vanter d'avoir obtenu d'elle le plus petit baiser.

Ordinairement, elle restait chez son père le dimanche, au lieu d'aller courir les fêtes des environs; sa seule distraction était de causer avec ses voisins et voisines. Un mariage survint dans sa famille, auquel elle fut invitée; les noces se firent pendant le carnaval. Comme on était à l'époque du Mardi-Gras, les garçons se démenèrent de leur mieux pour s'habiller en masque le soir, et le village fut mis en révolution par le bouleversement des ménages : chacun se costumait le plus bizarrement, suivant son imagination.

Les garçons s'habillaient en filles, les filles en garçons; d'autres en magiciens. Celui-ci s'était enharnaché de batterie de cuisine; celui-là avait décroché les bois de cerf aux portes des chasseurs et présentait de partout un aspect menaçant et pointu. La tradition n'avait aucune part à ces déguisements ; au contraire, l'imprévu le plus baroque et le plus sauvage y présidait. On en voyait encore couverts de feuillage mort; d'autres hérissés d'épines et d'autres sortant leur tête d'une botte de paille. La farine, la suie de cheminée tenaient lieu de masques ; celui qui avait le plus de succès était celui qui gênait le plus les invités par un costume désagréable.

Après qu'on l'eût beaucoup priée, Luce Niquet consentit à revêtir une blouse de paysan, un pantalon de toile et une casquette de garçon ; on lui dessina également

ment une petite moustache au charbon,
sous ces habits, la jolie fille avait l'air du
petit garçon le plus mutin qui se pût voir.
Celui dont elle avait endossé la défroque
et dont on parlait vaguement comme d'un
fiancé, se montra fier de cette préférence
et passa une grande partie de la nuit à
danser avec elle. Luce s'amusait comme
un enfant; jamais elle ne s'était trouvée à
pareille fête, et elle était d'autant plus
heureuse que son père riait chaque fois
qu'il passait devant elle et lui disait : « Va,
garçon, va toujours. » On exigea même
que Luce allât inviter les filles pour mieux
entrer dans son rôle, et elle dut les em-
brasser à la fin de chaque contredanse.
Au commencement, Luce était troublée et
de son costume, et du bruit du bal; mais

ses compagnes venaient à elle et la faisaient danser de force comme si elles eussent été fières de danser avec un si joli cavalier.

La fête dura toute la nuit avec un tapage sans pareil en dedans et en dehors; car les garçons, non contents de s'amuser, eurent l'idée d'aller réveiller tout le village avec leurs cornets à bouquins. Ils se croyaient tout permis, parce que la noce avait lieu chez le maire; mais ceux qui furent réveillés par les sons rauques de la corne à rappeler les vaches, ceux à la porte desquels on frappa, et d'autres encore qui virent leur sommeil troublé par des décharges de pistolets, crurent à une nouvelle invasion des alliés. Les paysans, qui atiguent beaucoup, aiment qu'on respecte leur repos; bon nombre se fâchèrent d'une pareille perturbation nocturne. Il y avait une portion de jaloux, qui, mécontents de n'avoir pas été invités aux noces, crièrent plus fort que les autres. Aussi, le lendemain matin, quand les garçons traversèrent le village, encore affublés de leurs habits de masques, pour aller boire un coup au cabaret, les paysans se réunirent-ils à la porte « pour leur donner une danse, » disaient-ils, afin de leur apprendre dorénavant à rester tranquilles la nuit. Des rixes s'ensuivirent, et le village fut partagé en deux camps, dont celui de la noce remporta aisément la victoire, car il était composé de jeunes gaillards robustes, qui, s'entendaient autant en querelles qu'en danses. Bref, quand divers nez eurent saigné abondamment, après quelques dents cassées de part et d'autre, quand certains yeux furent pochés, la discorde se retira, heureuse de sa victoire, et la paix reprit son cours comme par le passé.

Quatre jours s'étaient écoulés entre cet événement et le dimanche qui suivit; mais à la messe les vieillards du village remarquèrent que le curé avait une figure plus pâle que de coutume et que la colère semblait peinte sur ses traits. M. Caneva menait sa cure un peu rudement : mécontent d'être enfoui dans le petit village des Vertes-Feuilles, l'ambition lui sortait par ses yeux rougis et chargeait son teint de couleurs olivâtres. Étant monté en chaire, il promena un regard inquiet sur l'assemblée et dit :

« Mes frères et mes sœurs, un événement déplorable a troublé la paix habituelle de ce village : les garçons, qui ne viennent pas ici écouter les paroles saintes, ont recueilli les tristes fruits de leur mauvaise conduite. Ils ont mis le village en émoi, ont troublé le repos des paroissiens et ont passé la nuit dans la débauche et le libertinage. Ils se sont couvers la figure de masques pour ne pas avoir à rougir entre eux de leurs actions insensées, et ils ont jeté leur raison dans la boisson, afin que leur esprit se transformât comme leur visage. Ce sont, mes frères, des divertissements que notre sainte mère l'Église a toujours repoussés, je voudrais voir ici les coupables, afin de leur inspirer quelques remords; mais j'espère et je prie ceux de mes paroissiens qui ont de l'influence ou quelque parenté avec ces garçons de leur transmettre les paroles que je fais entendre du haut de la chaire : Mes chers frères et mes chères sœurs, prions ensemble et unissons nos vœux pour que de pareils faits ne se renouvellent plus; je prie Dieu qu'il envoie des rayons de repentir dans l'âme des garçons. Hélas! les garçons, non-seulement ne sont pas seuls coupables, mais encore ils ne sont pas les plus coupables. Je vois ici des personnes qui courbent la tête et qui n'osent affronter les regards du ministre de l'Évangile. »

A cette allocution, chacun suivit les yeux

du curé qui se dirigeaient avec obstination sur un groupe de filles au milieu desquelles se trouvait Luce Niquet. Un sourd murmure éclata parmi les vieilles femmes qui ne savaient pas pardonner aux filles leur jeunesse. Le curé Caneva continua à lancer des paroles de blâme contre celles de ses paroissiennes qui s'étaient laissé entraîner à la nuit des noces chez le maire, et il blâma particulièrement le chef de la commune d'avoir autorisé ces débauches en prêtant sa maison et en ne s'opposant pas aux querelles qui étaient survenues le matin.

— J'en ai dit assez, continua le curé, pour vous édifier sur le compte des filles qui, je l'espère, se repentiront; mais il en est une à qui je ne puis pardonner. C'est la plus coupable, parce qu'elle a le plus d'instruction religieuse... Levez-vous, fille Luce Niquet?

Luce se leva droite subitement comme par un ressort, en portant son mouchoir à ses yeux.

— Ôtez ce mouchoir, hypocrite, s'écria le curé.

Et comme Luce continuait à masquer sa figure:

— Qu'on lui ôte ce mouchoir, s'écria le curé.

Une vieille, qui était auprès de Luce, tira brusquement le mouchoir, et laissa voir à l'assemblée le visage plein de rougeur et de confusion de la jeune fille.

— Fille Niquet! s'écria le curé, regardez-moi en face si vous l'osez... Non, vous ne l'osez pas, n'est-il pas vrai, après la conduite dévergondée que vous avez tenue il y a quatre jours? Comment avez-vous osé vous représenter dans le sanctuaire, encore toute souillée de fautes? Il faut que vous ayez un front d'airain. Une autre à votre place serait venue au tribunal de la pénitence avouer ses fautes et aurait demandé pardon à la Vierge des souffrances qu'elle lui a causées par sa mauvaise conduite. Vous, vous êtes venue à l'église tout naturellement comme on va au marché, et vous avez cru, fille Niquet, qu'un prêtre pouvait tolérer votre présence ici sans en gémir? Hélas! mes frères et mes sœurs, ce n'est pas un simple repentir que je demande aujourd'hui; il serait trop commode de commettre le plus abominable des péchés et de croire qu'on en est lavé pour dire : Je me repens. Non, mes frères, la miséricorde de Dieu est grande et immense ; mais il faut que la contrition du pécheur soit dans les mêmes proportions. La fille Niquet n'est pas d'ailleurs une simple coupable, une fille naïve qui a commis une faute par légèreté; de bonne heure, elle a reçu nos instructions religieuses, elle a sucé le lait divin de la religion, et elle nous trompait. Arrière, hypocrite ! A une autre on pourrait pardonner, car une autre peut ignorer la portée des actions qu'elle commet. La fille Niquet a assez d'intelligence pour connaître qu'elle s'engageait dans une voix de perdition. L'autre dimanche encore, je la donnais comme exemple à ses compagnes, et deux jours après, comme une garçonnière, elle allait frétiller, en habits de masque, dans un lieu de débauches. Le bel exemple ! Eh quoi ! viendront à penser ces chères enfants qui m'écoutaient vanter son nom, voilà donc l'exemple que monsieur le curé nous donne à suivre : allons à la danse, courons avec les garçons, et laissons de côté les instructions du pasteur. Voyez, fille Niquet, à quels raisonnements vous exposez de jeunes filles sages qui peuvent être tentées de vous imiter; car, je le sais, les plaisirs défendus ont un charme puissant; la danse et la musique se présentent aux yeux des filles sous un aspect piquant que n'a pas la congrégation. Hélas! mes filles, on ne goûte que trop tard l'amertume qu'il y a au fond de la coupe de ces plaisirs, et c'est alors qu'on regrette sans pouvoir la retrouver cette paix du cœur, cette innocence de sentiments, cette chasteté de pensée qui vous rendaient si heureuses au sortir de la messe. Regardez, mes frères et sœurs, la figure de la fille Niquet; lui trouvez-vous la même figure que dimanche dernier quand elle n'avait pas goûté au fruit défendu? S'il en est temps encore, regardez-vous dans votre miroir par un zèle pieux, et ne vous laissez pas flatter par ce trompeur des jeunes filles qui ne répète que la figure qu'on veut avoir ; vous y verrez les lignes d'impureté qu'y a tracées une nuit de mascarades. Croyez-vous, fille Niquet, qu'il est possible que la congrégation vous garde dans son sein... Vous gâteriez tout le troupeau, car il suffit d'une brebis galeuse pour gâter un troupeau, et un troupeau sain ne saurait rappeler à la santé une brebis galeuse. Arrière donc du troupeau, brebis galeuse... que chacun s'écarte de vous comme d'une pestiférée. »

En parlant ainsi le curé faisait signe des deux bras à ses paroissiens de s'éloigner. Cet ordre muet fut exécuté, et, pendant que Luce fondait en larmes, la voûte de l'église retentissait du bruit des chaises qu'on remuait pour faire le vide autour de la jeune fille.

— Fille Niquet, continua le curé, vous êtes chassée de la congrégation, deux de vos compagnes, les plus âgées, vont vous dégrader en vous enlevant le ruban qui vous décorait et dont vous avez terni la blancheur.

Deux vieilles habituées à obéir aux moindres gestes de M. Caneva s'avancèrent vers Luce et lui enlevèrent le ruban blanc qu'elle portait autour de la taille, sans que la jeune fille fît un mouvement. Il courut dans l'église un murmure très léger qui partait du côté des hommes et que le curé interpréta en faveur de Luce. Cette pitié acheva de l'exaspérer.

— Maintenant, dit-il, que vous êtes dégradée, vous allez purifier vous-même l'église que vous avez souillée par votre présence.....

Un profond silence s'établit à ces paroles indiquant que le curé allait infliger de nouvelles punitions à la jeune fille.

— Sortez d'ici, fille Niquet, dit le curé, sortez, sortez !...

Luce se laissa tomber sur une chaise et fondit en larmes.

— Les pleurs sont faciles aux femmes trompeuses, continua-t-il, relevez la coupable qui doit entendre debout son châtiment.

Les mêmes vieilles qui avaient procédé à la dégradation de Luce, la firent relever.

— Que toute la congrégation des filles se fasse elle-même justice, dit le curé. La fille Niquet va être conduite hors de l'église, dont elle est devenue indigne. Si elle résiste, que chacun la pousse, alors seulement le temple renaîtra à la pureté.

Les femmes, obéissant à la voix de

M. Caneva, se levèrent et allèrent à Luce, qui n'avait plus le sentiment de ce qui se passait; ses oreilles bourdonnaient, ses tempes battaient, elle ne voyait et n'entendait plus; on la prit par le bras et on se mit en mesure de l'emmener; mais Luce chancelait à chaque pas; alors les femmes, pénétrées par les paroles du curé et les imprécations qu'il lançait du haut de la chaire, se mirent à traîner la pauvre fille comme des gendarmes font d'un bandit qui se défend, quelques-unes dressaient des chaises en l'air et la menaçaient. Enfin, la porte étant ouverte, Luce fut poussée violemment dehors et la porte refermée.

Luce se laissa tomber sur un des bancs

de pierre où s'assoient les vieillards sous le porche pour causer après la messe, et ne reprit ses sens qu'un quart d'heure après. Un homme qui traversait la place crut remarquer une femme malade sur le banc et il s'approcha.

— Qu'est ce que tu as, Luce? dit l'homme, qui n'était autre que le maire chez lequel avait eu lieu la noce.

La jeune fille ne put répondre ; seulement elle montra l'église du doigt.

— Quoi? dit-il avec son ton brusque.

Sans pouvoir parler, car un torrent de

larmes s'échappa de ses yeux, Luce montrait toujours la porte de l'église et paraissait sous l'empire d'un sentiment profond de crainte. Un vieux mendiant à barbe grise sortait de la messe; il s'arrêta en regardant la jeune fille dont tout le visage était pâle et mort, sauf le tour des yeux et les paupières rougies brûlées par le torrent de larmes qui venait de s'échapper si brusquement.

— De mon temps, dit le mendiant, les gens du village n'auraient pas souffert pareille avanie.

— Que se passe-t-il, Jacques ? demanda le maire.

— Eh! monsieur le maire, si vous aviez été à la messe, vous auriez peut-être empêché le malheur.

Alors Jacques raconta au maire ce qui s'était passé et dit en chaire, comment le curé l'avait mêlé à la sorte d'excommunication lancée contre Luce. Le maire, qui était un brave homme, ne revenait pas de sa surprise et poussait force exclamations..

— Je m'en vais parler au curé dans son église, dit-il. Luce, rentre avec moi; nous verrons bien si l'on a le droit de te chasser.

— Oh! non! s'écria Luce épouvantée à

l'idée d'un nouveau scandale dont elle pouvait être encore la cause.

— Tu ne veux pas rentrer? dit le maire; mais tu n'es pas coupable, cet homme-là t'a tourné la tête... Viens !

— Non ! dit Luce en se sauvant; non, je vous en prie, laissez-moi !

Le maire s'arrêta court en regardant Luce s'enfuir ; il était indécis et réfléchissait sur la conduite qu'il devait tenir dans cette circonstance : si la jeune fille eût consenti à entrer avec lui, il n'eût pas hésité à aller en pleine église reprocher au curé sa conduite, mais en se présentant seul, l'effet était moins puissant, et le maire, quoique n'allant jamais à l'église, respectait assez les croyances religieuses de ses administrés pour ne pas vouloir troubler l'exercice du culte. Cependant l'affaire ne pouvait en rester là et exigeait une réparation; il y allait de la tranquillité du village. Tolérer le scandale donné en pleine chaire par le curé, c'était vouloir diviser le village en deux camps, car les parents et amis du bûcheron Niquet ne manqueraient pas de faire cause commune avec les ennemis du presbytère, et il en résulterait des discordes profondes qui ne pourraient qu'amener des résultats fâcheux pour le village.

Après que ces raisons et bien d'autres se

furent présentées à l'esprit du maire, il entra résolûment dans l'église, au moment où la messe allait terminer. Les premiers qui le virent entrer, lui si peu habitué à l'église, se dirent à l'oreille, avec une certaine surprise : Voilà le maire. Les chuchottements coururent de banc en banc aussi prompts que conduits par un fil électrique, et le curé entendit un marguillier répéter à son voisin : Voilà le maire ! Le curé ne se retourna pas, il craignait de laisser paraître son émotion extérieure, car le maire représente la force et la police d'un village. Il est le maître absolu sur l'heure, l'autocrate, le tyran, il dispose de la force armée, et le curé, en entendant parler du maire, craignait de le voir escorté de gendarmes. L'émotion était telle parmi les fidèles qu'ils oubliaient de répondre aux versets du chantre, et que celui-ci chantait, mais d'une voix tremblante, car le chantre, à la fois maître d'école et secrétaire de la mairie, appartenant aux deux pouvoirs, craignait un conflit entre le pouvoir civil et le pouvoir religieux.

L'Ite missa est ayant été prononcé, il fallait sortir de cette position : à l'ordinaire, après ces dernières paroles de l'office, un grand tumulte de chaises et de bancs renversés se fait dans l'église. Les galopins, heureux d'aller jouer, se précipitent en courant dans les groupes de femmes et se fraient un chemin en se coulant comme des serpents entre les groupes, ou en écartant hardiment la foule; mais ce jour-là les paroissiens ne paraissaient pas disposés à quitter l'église, ils attendaient la fin du drame.

Ainsi que le maire l'avait pensé, la division se faisait déjà dans l'église : ceux qui prenaient parti pour le curé s'étaient rangés à droite du côté de la sacristie, comme pour en empêcher l'entrée; les amis du maire étaient en face et regardaient ce groupe, qui semblait plein d'hostilité, tandis qu'une foule plus nombreuse attendait dans la nef, sans oser se prononcer. Femmes et hommes mélangés craignaient de prendre part à ce conflit, et cependant montraient une vive curiosité des faits qui ne pouvaient manquer de se dessiner après la scène du prêche.

Le maire, sans paraître remarquer cette ardente curiosité, entra dans la sacristie au moment où le curé Caneva se déshabillait.

— Monsieur le curé, j'ai à vous parler, dit-il.

Le curé fit un signe de la main comme pour montrer qu'il attendait ses paroles.

— Vous n'avez pas le droit de chasser une fille de votre église.

— Pardonnez-moi, monsieur le maire;

dit le curé en affectant beaucoup de douceur dans la parole; étiez-vous par hasard à la messe?

— Non, monsieur.

— Vous n'avez pas connaissance des précédents de l'affaire, monsieur le maire; si vous étiez venu à la messe, si vous aviez entendu mon sermon, je pourrais peut-être discuter avec vous; mais je ne puis à cette heure vous donner tous les renseignements relatifs à la fille Luce Niquet, ce serait trop long. Si vous voulez venir à la cure après les vêpres, je ne demande pas mieux que de vous renseigner exactement.

— Je ne demande pas de renseignements, monsieur le curé, je dis que vous avez outrepassé votre pouvoir.

— Monsieur le maire, tous les fidèles qui assistaient à la messe ont trouvé ma conduite tellement raisonnable, que la fille Luce Niquet a été condamnée d'une seule voix, et que ce sont les femmes qui l'ont mise à la porte.

— Oui, dit le maire, les femmes ont obéi à vos ordres. Et si j'étais rentré avec Luce Niquet à la main, que croyez-vous qu'il serait arrivé ?

— Monsieur le maire, permettez-moi de

ne pas répondre à cette hypothèse. Vous ne l'avez pas fait, parce que vous avez le sentiment de l'ordre, et que vous ne voudriez pas apporter le scandale dans la maison du Seigneur.

— Le scandale! s'écria le maire, est-ce moi qui ait commencé, monsieur le curé ? Vous allez voir en sortant combien vos fidèles sont divisés : les esprits simples sont pour vous, les gens qui raisonnent pour moi, il y a là moitié du village qui attend les hostilités pour se diviser. Par votre faute, voilà le village troublé pour longtemps, plus troublé que s'il y avait moitié protestants et moitié catholiques.

— Par ma faute! s'écria le curé Caneva;

dites par la vôtre, monsieur le maire. Vous saviez que la fille Luce était une enfant qui donnait l'exemple à nos filles, et vous l'avez laissée, dans votre maison, se livrer à des plaisirs défendus.

— Son père était à la fête; une fille ne commet pas de fautes sous l'œil de son père; tout s'est bien passé cette nuit...

— Ah! monsieur le maire, tout s'est bien passé! C'est presqu'un blasphème, si vos principes irréligieux ne vous masquaient pas la vue... Tout s'est bien passé! Hélas! ces combats de garçons et de paysans à coups de fléau, ces scandales nocturnes sont malheureusement une preuve que tout ne s'est pas bien passé.

— Monsieur le curé, si vous étiez depuis longtemps dans nos pays, vous sauriez que les fêtes ne se terminent guère autrement.

— Et c'est bien ce que je veux changer.

— Changer le caractère normand ! allons, monsieur le curé, vous ne le connaissez pas... D'ailleurs, vous pouviez aller chez le père de Luce, l'engager à surveiller sa fille, puisque vous voulez en faire une sainte ; le père aurait vu ce qu'il avait à faire.

— Monsieur le maire, je n'ai pas à recevoir de conseils de vous... Ce qui est arrivé, je le recommencerai aujourd'hui, demain et toujours.

— Pas en ma présence, du moins, dit le maire, qui se sentait emporté par cette discussion froide.

— En votre présence, monsieur.

— Monsieur le curé, songez-y, j'en écrirai au préfet.

— Monsieur le maire, j'expliquerai ma conduite à monseigneur l'évêque.

Le maire sortit de la sacristie, craignant

de se laisser entraîner par la colère à des paroles peu convenables, et il retrouva dans l'église ses administrés qui attendaient impatiemment le résultat de cette conférence. Quoique le maire gardât le silence sur sa conversation avec le curé, cette nouvelle courut le village, et ainsi qu'il s'y était attendu, des divisions profondes s'établirent entre les paysans et amenèrent des événements qui produisirent une vive sensation dans le pays Bessin.

VI

Le tribunal de l'officialité diocésaine.

M. de Boisdhyver avait été rendre visite aux principaux fonctionnaires de la ville, et ceux-ci étaient venus, à leur tour, au séminaire ; mais on sut bientôt que le préfet du département, arrivé en poste, faisait prier l'évêque de le recevoir le plus tôt possible. Ce n'était pas l'époque de la tournée départementale du préfet. L'évêque jugea qu'il y avait quelque événement extraordinaire sous cette visite, et il se hâta d'envoyer un exprès à l'hôtel pour avertir le préfet qu'il l'attendait. Le préfet était un gentilhomme qui avait joué un rôle fort galant à la cour de Louis XVIII ; ses prouesses n'avaient pas peu contribué à le conduire au poste important qu'il occupait. M. de Castres représentait le parfait gentilhomme dans toute l'acception du mot. Ancien émigré, il était à Gand, et eut le bonheur d'adoucir les ennuis du roi pendant cette partie agitée de sa vie. M. de Castres passait pour l'homme de la cour qui avait eu le plus de bonnes fortunes : il lui en resta quelques traces sur la figure, des cheveux blancs, une légère surdité, des manières d'une politesse exquise et une excellente préfecture.

Voltairien et se moquant en exil de ce Buonaparte qui voulait restaurer le culte, M. de Castres, en acceptant la mission de gouverner un département sous la Restauration, joua la comédie dévote. Ce fut peut-être le préfet qui poussa le plus aux croix de la Mission, qu'il était d'usage de planter alors, et il aurait volontiers fait brûler tous les Voltaires complets qu'il trouvait dans les bibliothèques de ses administrés, sauf à en relire quelques pages en cachette, comme font les Turcs pour le vin... M. de Castres fut surtout célèbre par la guerre qu'il fit aux colporteurs de livres dans son département. Tout livre, porté à dos dans une balle, lui semblait immoral, et la librairie de Caen, de Falaise et de Rouen, qui imprimait depuis un temps immémorial diverses facéties grivoises et populaires de la *Bibliothèque bleue*, fut atteinte par les arrêtés du préfet et les saisies que les gendarmes pratiquaient avec ardeur dans les balles des colporteurs.

M. de Boisdhyver connaissait M. de Castres de réputation; le zèle catholique qu'il affectait ne lui en imposait pas, mais il était curieux de voir de près ce fonctionnaire. Après les divers compliments de cour dont le préfet avait toujours une forte cargaison, M. de Castres aborda le sujet délicat qui l'amenait à Bayeux.

— Monseigneur, dit-il, votre arrivée ici, dans ce beau pays, va être marquée par un événement considérable et qui demande une telle prudence, que j'ai voulu moi-même vous en prévenir pour deux raisons : la première, pour ne pas répandre l'affaire davantage en la faisant circuler par des secrétaires et des employés inférieurs, la seconde, pour avoir le plaisir de me mettre en relations avec vous.

M. de Boisdhyver s'inclina et dit que le temps lui avait manqué, et qu'il comptait dans une semaine aller au chef lieu, afin de présenter ses hommages au préfet du département.

— A l'heure qu'il est, monseigneur, dit M. de Castres, un village du département est en pleine révolte, en état de guerre civile, eu pour mieux dire de guerre religieuse. J'ai été obligé hier d'envoyer une brigade de gendarmerie pour mettre fin à ces discordes. A la suite d'un charivari qui a été donné à M. le curé Caneva, des combats à coups de fourches et de fléaux ont ou lieu ; plusieurs habitants ont été blessés, deux sont morts et cela pour une petite fillette.

Alors le préfet rapporta à l'évêque les

faits qui avaient amené ces malheurs. La victoire était restée aux partisans du curé qui formaient la majorité.

— Les gazettes libérales vont s'emparer de ce fait, dit le préfet, le mal en retombera sur mon administration. Ce Paul-Louis Courrier, monseigneur, est un homme dangereux qui n'hésite pas à fouler aux pieds les lois de la morale et de la religion pour se faire lire des masses; nul doute qu'il ne publie un pamphlet sur ce malheureux événement. J'attends avec impatience le rapport du lieutenant de gendarmerie...

— Les gendarmes, dit l'évêque, rétabliront peut-être l'ordre momentanément; mais je crains qu'une fois partis du village, les querelles ne continuent... Comme vous le dites, monsieur le préfet, c'est un événement de la plus haute gravité.

— Après tout, dit M. de Castres, force est restée aux gens religieux.

— Qu'importe! monsieur le préfet, s'écria l'évêque; à notre époque, deux hommes tués, d'autres blessés par suite de querelles religieuses, font un tort considérable à l'Église... Nous ne sommes heureusement plus à ces temps où l'on enseignait le catholicisme le fer à la main... L'humanité s'est révoltée contre ces mesures de zèle pieux trop rigoureux ; notre mission aujourd'hui est plus douce, plus conciliatrice... Le sang versé de ces malheureux va faire pousser, croyez-le, monsieur le préfet, des incroyants... Tout martyr, toute victime enfantent d'autres martyrs, d'autres victimes... Je gémis quand je vois l'échafaud se relever pour des crimes politiques; vous tuez un homme qui a une croyance, il en naît à la même heure dix pour le venger... les malheureux paysans des Vertes Feuilles qui sont morts vont ranimer la colère des ennemis de la religion...

— Que faire ? disait M. de Castres.

— L'évêque réfléchissait, la tête dans

ses mains, et semblait en proie à une violente émotion.

— Les rapports du lieutenant de gendarmerie peuvent être forts exacts, monsieur le préfet, mais ils ne donneront pas la connaissance exacte de ce qui couve au fond des esprits mécontents. Si vous le permettez, j'enverrai au village des Vertes-Feuilles un jeune prêtre du séminaire d'une grande intelligence, pour étudier l'état général du pays et les troubles qu'y ont apportés ces funestes divisions. En même temps, il aura pour mission d'amener avec lui M. le curé Caneva, que j'ai besoin d'interroger.

M. de Boisdhyver sonna et demanda

qu'on prévînt Cyprien de venir lui parler.

— Vous ne me conseillez pas, monseigneur, d'aller aux Vertes-Feuilles ?

— Votre présence, au contraire, monsieur le préfet, ne peut qu'adoucir les esprits. La gendarmerie est une institution qui a son côté utile, quoique dans ces occasions elle irrite trop souvent les malheureux vaincus, qui n'osent se plaindre en présence de la force armée. La plainte n'est-elle pas un exutoire aux plus grands chagrins !

Cyprien fut introduit. M. de Castres restait en contemplation devant cette jolie figure pleine de charmes, qui le rappelait à son jeune temps.

Cyprien entra dans le cabinet de l'évêque, plutôt comme un jeune chat que comme un homme habillé d'une robe noire.

— Eh ! monsieur, lui dit l'évêque d'un ton de reproche amical, qui arrêta le jeune prêtre immobile sur la porte. Comme vous avez chaud, ajouta l'évêque.

— Monseigneur, nous étions en récréation, et j'étais en train de jouer à la balle.

L'évêque sourit.

— N'êtes-vous pas étonné, monsieur le préfet, du singulier missionnaire que j'envoie au village des Vertes-Feuilles ?

— Il est charmant, dit le préfet en tapant légèrement ses doigts sur les joues de Cyprien, qui rougit.

— Eh bien ! monsieur le préfet, ce très jeune homme est aussi intelligent que léger... il quitte sa partie de balle et il remplira sa mission mieux que quiconque... Cyprien, écoutez-moi.

Alors M. de Boisdhyver expliqua au jeune homme la nature des renseignements qu'il attendait de lui; il devait aller aux informations de côté et d'autre, causer avec les paysans d'une manière bienveillante et s'instruire également auprès des vaincus comme auprès des vainqueurs.

— Mon père, vous serez satisfait de moi, dit Cyprien.

— Voilà un aimable compagnon de voyage, s'écria le préfet... Je l'emmène dans ma voiture, monseigneur, si vous le permettez.

— Mon enfant, dit l'évêque, remerciez M. le préfet de l'honneur qu'il vous fait en vous priant de l'accompagner.

Pendant que Cyprien était allé faire ses préparatifs de départ :

— Ah ! quel trouble ce jeune garçon eût jeté dans les cœurs à la cour du roi Louis XVI, s'écria M. de Castres.

— J'espère, monsieur le préfet, dit l'évêque en souriant, que vous ne lui raconterez pas vos nombreuses galanteries.

— Alors, monseigneur doit savoir que

je suis la discrétion même, et que je ne voudrais pas mettre de telles idées dans la tête d'un jeune homme.

— Quelquefois, dit l'évêque, on se laisse aller aux anecdotes pour faire passer l'ennui de la route; vous voudriez peut-être enseigner l'ambition à mon Cyprien.

— Oh! monseigneur!...

— Si vous saviez combien j'ai d'affection pour lui depuis que je l'ai vu, et combien j'ai peur qu'il ne se gâte, soit dans le monde, soit dans le séminaire!... Je crains bien les passions de la société, mais je crains peut-être encore davantage l'atmosphère du séminaire, qui rend quelquefois nos meilleurs sujets des prêtres intolérants, sans charité, égoïstes.

Depuis qu'il était arrivé, l'évêque passait rarement un jour sans visiter les classes, cherchant à faire des trouvailles, car le chapitre des chanoines, entièrement à la dévotion du vicaire-général, l'abbé Ordinaire, n'était composé que de médiocrités ou de prêtres âgés, tels que les Baudrand, les Godeau, les Judde, les Loriot et les Berreur, tous personnages qui menaient l'évêché. En arrivant à Bayeux, M. de Boisdhyver avait conservé le tribunal de l'officialité diocésaine, tel qu'il était constitué du vivant de l'ancien évêque, et ce fut seulement l'événement de l'abbé Caneva, qui démontra à M. de Boisdhyver la légère faute qu'il avait commise ; il eut pu révoquer à son gré les membres de l'officialité, sans faire connaître les motifs de cette révocation ; mais l'évêque n'ignorait pas combien il en coûte de changer un ordre de choses établi, les tourments et les tempêtes qui s'élèvent, d'autant plus fortes sur les lacs paisibles qu'elles sont plus rares.

Quoique décidé à faire entrer les chanoines dans la voie douce qu'il entrevoyait, l'évêque était assez rompu aux habitudes du monde pour ne pas craindre les perturbations que ses bonnes volontés allaient jeter dans son clergé ; M. de Boisdhyver, animé du désir de faire le bien, avait l'esprit trop charitable pour posséder en même temps cette précieuse fermeté de caractère, sans laquelle les meilleures intentions s'évanouissent. Dès sa jeunesse, il s'était appliqué à extirper de son intérieur les racines de colère, d'orgueil, d'amour-propre, et à la place il avait semé de meilleures graines, la patience, la bonté, le dévoûment, l'amour de son prochain : il en était résulté un beau caractère, mais qui se laissait aller à des concessions, de crainte de causer le moindre chagrin à quiconque. Cependant la fermeté revenait petit à petit quand M. de Boisdhyver se sentait entraîné par sa commisération, et alors, quand il avait mûrement réfléchi le pour et le contre, il devenait inébranlable.

Il en est des dignités de l'Eglise comme

de toutes les dignités. Le chef peut être rempli des meilleures idées, qui seront étouffées par son entourage. Si un maire est garrotté par son conseil municipal, un préfet par son conseil de préfecture, un roi par ses ministres, un évêque peut subir la mauvaise influence de son chapitre. L'homme le plus énergique se lasse ; il arrive avec des réformes, les expose, lutte pour ce qu'il croit la vérité, mais il a un corps entier contre lui, qui tous les jours recommence son opposition, qui le harcèle, qui ne se fatigue jamais, par la raison qu'il est *plusieurs* contre *un;* le chef, à moins d'une de ces individualités de lion qu'il est si rare de rencontrer, hésite, doute, succombe à la tâche ; c'est ainsi qu'il est bridé, couvert de brillants harnais, à la vérité, mais il ne pense plus, n'agit plus, reconnaît qu'il est impuissant à combattre contre tous, et règne sans gouverner, réalisant les chimères d'un parfait gouvernement constitutionnel.

L'occasion se présenta bientôt pour M. de Boisdhyver de reconnaître le terrain nouveau sur lequel il ne marchait qu'avec une certaine précaution depuis son arrivée. Cyprien avait exécuté les ordres de son supérieur et ramené le curé Caneva. L'affaire était tellement grave que l'évêque ne crut pas devoir prendre une décision à lui seul et convoqua le tribunal de l'officialité diocésaine. L'official ou président était M. Du Pouget, chanoine honoraire et curé de la cathédrale de Bayeux. M. Godeau, curé-archiprêtre de Bayeux et l'abbé Baudrand, chanoine et professeur de dogme au grand séminaire, occupaient les places d'*assesseurs*; les vice-assesseurs étaient l'abbé Trévoux, supérieur du collége Saint-Léger de Bayeux, et l'abbé Judde, chanoine. M. l'abbé Berreur, doyen du chapitre et théologal, occupait le siége du *promoteur* qu'on appelait autrefois *procureur-fiscal* des officialités, et qui, en cette qualité, instruisait l'affaire; le vice-promoteur était l'abbé Commendeur, chanoine, et l'abbé Aubertin remplissait les fonctions de greffier.

Les réparations de l'évêché n'étant pas encore terminées, une grande salle du séminaire servit à installer le tribunal. Depuis quelques jours cette affaire amenait de chaudes discussions pendant les promenades des prêtres et rompait la monotonie de la vie séculière. L'abbé Ordinaire ne se fatiguait pas peu le corps en démarches ; il allait de l'un à l'autre, suivait de l'œil les gestes d'un groupe lointain, et était devenu tout yeux et tout oreilles, afin de mieux saisir l'opinion touchant l'affaire du curé Caneva. Il avait tellement sollicité M. de Boisdhyver qu'il obtint la faveur de défendre l'accusé, et l'évêque qui ne vit dans cet empressement qu'un motif louable de charité, ne comprit que plus tard qu'un système religieux se dressait en face du sien.

Le curé Caneva ne quittait pas son défenseur ; pendant tout le temps que s'instruisit son affaire, on le vit donnant le bras au vicaire-général qui, en le promenant avec lui dans les cours du séminaire, semblait, par cette faveur dont il couvrait l'accusé, le poser plutôt en victime qu'en coupable. L'abbé Du Pouget, l'homme le plus éclairé du chapitre, avait rédigé l'instruction sur les notes fournies par Cyprien et sur les interrogatoires du curé Caneva. Son rapport, remarquable par la netteté, la concision et l'impartialité, lui valut un remercîment affectueux de l'évêque, qui ne savait pas encore que M. Du Pouget était un des hommes les plus remarquables de France en science archéologique, car deux ans plus tard il devait être nommé membre de l'Académie des Inscriptions et Belles-

Lettres pour son beau livre du *Symbolisme dans l'art religieux au moyen-âge.*

Le rapport ayant été lu devant les membres du tribunal de l'officialité diocésaine, M. Du Pouget interrogea le curé Caneva sur les détails relatifs à l'affaire du village des Vertes-Feuilles. Caneva n'avait pas passé quelques jours dans le séminaire sans étudier l'esprit des prêtres qui devaient l'absoudre ou le condamner; d'ailleurs conseillé par l'abbé Ordinaire, il semblait fier de comparaître devant ses pairs pour la cause de la religion, et ce fut par un discours de cette nature qu'il répondit aux interrogatoires de l'évêque.

— Pardon, monsieur le curé, dit M. Du

Pouget, vous plaidez dans ce moment quand il s'agit seulement de répondre à mes questions. Je ne mets pas en doute votre zèle pieux, il ne m'appartient même pas de le juger ; il s'agit seulement de rétablir ici le sermon que vous avez prononcé en présence de vos paroissiens.

—Monsieur l'Official, dit M. Ordinaire, je vous demande la parole. M. le curé Caneva a prononcé un sermon pour lequel il est mis en cause ; mais pourquoi a-t-il prononcé ce sermon ? n'est-ce pas en vertu de pensées qui lui dictaient ses paroles ? N'avait-il pas raison de croire la cause de la religion menacée dans son village ?

—Monsieur le vicaire-général tombe également dans le défaut de l'accusé qu'il défend, dit M. Du Pouget, le voici qu'il se met à plaider la cause, mais nous n'en sommes pas là, messieurs ; je prie donc M. l'abbé Ordinaire de ne pas interrompre l'interrogatoire que j'ai commencé, et j'invite M. le curé Caneva de se renfermer dans une réponse courte et simple, et de ne la faire ni suivre, ni précéder de paroles en faveur du fait. M. le curé Caneva peut-il me dire pourquoi il interpelait d'une manière si vive une jeune fille à laquelle il a fait le plus grand tort.

— Parce qu'elle donnait le mauvais exemple, dit le curé Caneva.

— Cependant, dit l'évêque, cette jeune

fille avait le droit de danser avec son fiancé.

— Elle n'avait pas de fiancé.

— Je demande pardon à M. le curé Caneva ; pendant cette nuit où les garçons du village ont fait quelque bruit, je le veux bien, elle était avec son fiancé. Le fait est constaté par une déposition du maire des Vertes-Feuilles que l'abbé Cyprien a recueillie. Sur un signe de l'Official, Cyprien se présenta, et ayant été interrogé, il dit tous les faits qu'il avait recueillis dans le village de la bouche des paysans.

Luce Niquet était fiancée à un garçon depuis un an, mais la sortie violente que le curé Caneva avait prononcée contre elle, rompait le mariage projeté par suite des divisions qui s'étaient établies entre les paroissiens. La mère du fiancé de Lucé tenait pour le curé, et ne voulait pas admettre comme bru une fille sur laquelle étaient suspendues les foudres de l'Église.

En entendant cette déposition, le curé Caneva faisait des signes de tête négatifs, haussait les épaules, se levait de son siége et s'entretenait avec son avocat d'un air de dédain en montrant Cyprien.

— Monsieur l'Official, dit le curé Caneva, ces faits sont mensongers.

— Mensongers ! s'écria Cyprien en rougissant.

— Oui, monsieur, dit le curé Caneva. Vous êtes malheureusement trop jeune pour remplir une mission si importante ; vous aurez été abusé.

— J'ai entendu les personnes les plus considérables du village, dit Cyprien.

— Des ennemis qui jalousent l'autorité du curé. Parmi ces personnes considérables, auriez-vous demandé par hazard l'opinion de M. le maire des Vertes-Feuilles ?

— J'ai commencé par rendre visite à M. le maire, dit Cyprien.

— Eh! monsieur, c'est là justement que je vous attendais; le maire est celui de tous qui a essayé d'ameuter le plus de haines contre moi. Il n'est donc pas étonnant que dès l'abord vous ayez été prévenu contre mes intérêts, car, aussitôt arrivé, vous avez entendu un homme qui, usant de son autorité civile, s'est dressé en face de moi et a réussi à former un parti contre la cure.

— Le maire, dit Cyprien, m'a paru un homme droit, aimant ses administrés et cherchant avant tout à établir la tranquillité dans son village.

— C'est un hypocrite, en même temps qu'un être sans religion.

— Il m'a parlé cependant de liaisons amicales, dit Cyprien, qu'il entretenait avec le curé qui précédait l'abbé Caneva.

— Je n'ai pas connu mon prédécesseur, dit M. Caneva, mais j'ose affirmer qu'il n'avait pas un sentiment bien élevé de ses devoirs en fréquentant un impie tel que le maire de ma cure.

— Monsieur Cyprien, dit M. Du Pouget, continuez votre déposition sans répondre désormais à l'accusé.

Cyprien déroula le tableau des menées sourdes du curé Caneva, qui, loin d'ignorer les fiançailles de Lucé, avait tout mis en œuvre pour les rompre aussitôt après le scandale de son prêche. C'était un démenti formel aux allégations de l'accusé, que l'instruction montrait rôdant le soir par le village, se transportant d'une maison à l'autre, et attisant chaque jour le feu des rancunes des paysans qui lui étaient dévoués. Le plus terrible de cet acte d'accusation est qu'il était fait sans arrière-pensée et sans prévention contre l'accusé; mais la conscience et l'intelligence déployées par Cyprien dans sa mission, lui amenèrent un tel groupe de faits significatifs, qu'il fut plus tenté encore de les adoucir que de les présenter crûment. Cyprien n'eut qu'à les disposer dans un certain ordre logique, à les attacher les uns les autres par rang de gravité, pour montrer clairement la courbe qu'avait produite la bombe de M. Caneva, du moment où elle était sortie de la chaire pour éclater sur le village.

— Mon cher Aubertin, disait l'abbé Commendeur, qui prenait plus d'attention à ce qui se passait dans son intérieur qu'au jugement de l'abbé Caneva, pourriez-vous me dessiner des intestins?

— Des intestins! s'écria l'abbé Aubertin, qui, armé d'une petite paire de ciseaux, songeait à remplir la commande du vicaire-général et s'appliquait à rendre en ce moment le profil de sainte Eudoxie; des intestins, et pourquoi faire?

— Ah! si je connaissais leur forme exacte, peut-être bien arriverais-je à me guérir.

— Avez-vous vu des serpents boas? demanda l'abbé Aubertin.

— Non, dit l'abbé Commendeur, qui n'avait aucune notion d'histoire naturelle.

— Eh bien, mon cher Commendeur, imaginez-vous que vous avez dans le ventre un grand serpent boa couché qui s'est replié en rond vingt fois sur lui même, et qui reste endormi dans une torpeur absolue pendant qu'il dégère.

— C'est ça, s'écria l'abbé Commendeur, sauf que je ne ressens pas de torpeur.

— Vous n'êtes pas non plus un boa.

— L'abbé Godeau serait plutôt le boa... il mange et il boit sans jamais se fatiguer... est-il heureux ?

En effet, à ce moment l'abbé Godeau n'écoutait guère ce qui se disait dans le sein du tribunal : les mains sur sa poitrine, les yeux fermés, il était plongé dans ces béatitudes de gourmand que rien ne saurait altérer. Il conservait pendant ce léger sommeil un sourire tranquille posé sur de grosses lèvres vernies et reluisantes ; ce sourire allait et venait, et participait de la respiration qui soulevait également son gros corps pour sortir par sa bouche entr'ouverte. Un calme parfait enveloppait toute la personne de l'abbé Godeau, qui ne paraissait accablé que de porter un triple étage de mentons s'étalant dans leur superbe indolence, et couvrant entièrement le rabat.

Tout en prenant la plus grande attention aux débats, M. de Boisdhyver ne pouvait s'empêcher de remarquer l'attitude et la physionomie si diverse de son entourage. Quitter Paris et le frottement de gens intelligents pour retomber dans un évêché où s'étaient groupées les médiocrités, fut alors pour le nouvel évêque un sujet de tristes réflexions. Il se demanda comment, seul, il arriverait à faire le bien; car il comprit qu'il lui était impossible de changer la nature de la majorité de ces prêtres, que leurs petites passions avaient garrottés petit à petit, qui ne s'étaient même pas débattus pendant leur jeunesse, et qui, à l'âge où l'homme se sent puissant et capable de grandes choses, avaient trouvé de mauvaises herbes grimpantes attachées à leurs moindres mouvements. Les plus heureux furent ceux qui accomplirent machinalement leurs devoirs religieux, qui ne manquaient à aucuns de leurs exercices, et qui lisaient leurs nombreuses prières comme des lettres mortes, sans s'imaginer qu'ils ne faisaient qu'un pieux ron-ron.

Seul avec M. du Pouget, le supérieur du séminaire, l'abbé Trevoux était un homme remarquable, droit et plein de ce grand bon sens qui désenchante souvent les esprits faibles.

Ainsi, le procédé de l'abbé Caneva se déroulait seulement devant cinq personnes ; l'évêque, le supérieur du séminaire, M. du Pouget, l'abbé Ordinaire et l'accusé, car Cyprien ne faisait pas partie du tribunal : les autres membres étaient indifférents ; les uns, sans sommeiller comme l'abbé Godeau, n'en comprenaient pas l'importance, et les autres se livraient à leurs manies, comme l'abbé Aubertin, qui avait abandonné sainte Eudoxie pour découper une longue bande de prétendus intestins sur lesquels méditait l'abbé Commendeur, qui, frappé de leur analogie de forme avec le serpent boa, était au supplice de voir la séance se prolonger, car il ruminait de consulter le volume de Buffon, à l'article *boa*, se disant à part lui que l'analogie de forme entraîne l'analogie de traitement, d'hygiène, et qu'en étudiant la nourriture et la façon de vivre des serpents boas, il arriverait sans doute à gouverner ses intestins.

Si l'affaire intéressait médiocrement la majorité, les cinq personnes pour qui se déroulaient les débats n'en étaient que plus vivement touchées, et la lutte entre l'accusation et la défense fut un de ces combats oratoires qui ne brillent pas seulement que par la parole, mais où l'on sent des questions graves qu'on ne peut guère plus toucher qu'une pierre à fusil sans qu'il n'en sorte des étincelles. L'heure de la défense était enfin arrivée, vivement attendue par l'abbé Ordinaire, que les débats impatientaient et qui brûlait de mettre en lumière ses idées religieuses. Loin de se poser en défenseur, l'abbé Ordinaire se dressa en triomphateur : il montra la religion s'affaiblissant de jour en jour, perdant son influence sur les masses par de perpétuelles concessions à l'esprit du siècle.

Il fit un tableau sombre et sanglant de la Révolution française, comptant les prêtres qui avaient péri victimes de leurs convictions religieuses. A partir de cette époque, malgré les pompes qu'on avait rendues au culte, malgré les efforts des différents gouvernements qui s'étaient succédé et qui avaient fait une large part à l'autorité religieuse, l'abbé Ordinaire dépeignit cette autorité s'affaiblissant de jour en jour, et devant être anéantie dans l'avenir si les chefs de l'Église n'y prenaient garde. La douceur, la modération étaient des crimes aux yeux du vicaire-général; de telles concessions rendaient l'Église faible et sans pouvoir; à l'entendre, la terreur, les châtiments, la force seuls pouvaient encore retenir le peuple. Et il aborda un tableau sombre de l'Inquisition, montrant la puissance du catholicisme à cette époque,

Peut-être l'abbé Ordinaire allait-il plus loin qu'il ne voulait, poussé par un esprit d'hostilité vis-à-vis de M. de Boisdhyver, mais il y avait en lui la conviction âpre et dédaigneuse de l'homme emporté par sa nature, qui, se sentant incapable de tolérance, s'irrite et veut gouverner par les moyens opposés. M. de Boisdhyver écoutait ce discours avec attention, tout en compatissant aux amertumes cachées dans l'âme de son vicaire-général, et qui ressortaient de ses moindres paroles. L'abbé Ordinaire avait mis un feu si âpre à son discours qu'il troubla même ses confrères qui ne se troublaient de rien. L'abbé Commendeur en oublia momentanément ses intestins, M. Godeau sortit de son sommeil en passant une large langue rose sur ses lèvres brûlantes; il n'y eut que l'abbé Aubertin, qui, plongé dans la création, continua à découper l'œil de profil de sainte Eudoxie, à laquelle il était en train de faire cadeau d'une paire de longs cils, un peu semblables aux moustaches d'un chat effarouché.

Ayant quitté les généralités qui avaient duré près d'une heure, le vicaire-général exposa brièvement l'affaire du curé Canéva, et dit qu'il daignait à peine en parler, car s'il le défendait, il se rangerait avec les ennemis de l'Église, et la défense devait se taire quand l'accusation était si faible; mais conservant rancune à l'instruction que Cyprien avait faite dans le village, il accabla le jeune prêtre de sarcasmes cruels qui prenaient naissance dans l'amitié que M. de Boisdhyver semblait lui témoigner. Le *jeune homme* (telle était l'épithète qui revenait à chaque moment et sous laquelle Cyprien était désigné) avait recueilli, avec la légèreté de son âge, des propos de vieilles femmes, des bavardages de veillée ; tout en témoignant à l'évêque le respect qui était dû à sa haute position, l'abbé Ordinaire ne pouvait s'empêcher de déplorer qu'il eût choisi un tout jeune homme pour une mission grave, où des questions si importantes étaient mises en jeu. Par un moyen d'avocat, l'abbé Ordinaire se tournait vers Cyprien, le regardait avec dédain, et semblait vouloir le montrer dérisoirement aux membres du tribunal, jaloux de la faveur dont il avait été l'objet. Cyprien rougissait, pâlissait, baissait les yeux sous le regard dédaigneux du vicaire-général et semblait réellement l'accusé. Par là, il prêtait quelque vérité aux accusations de jeunesse de l'abbé Ordinaire; car, ayant accompli sa mission avec conscience, certain d'être arrivé à la connaissance de la vérité et de l'avoir démontrée aux yeux du tribunal, cependant n'osant répondre, intimidé, n'ayant pas l'habitude de la parole, écrasé par l'arrogance du vicaire-général, Cyprien voulait se lever, et semblait cloué sur sa chaise, de même que sa langue était collée à son palais ; il sentait l'indignation lui serrer la gorge, et il souffrait encore plus de ne pouvoir dissimuler cette émotion. Laisser paraître combien il souffrait des acrimonies de l'abbé Ordinaire, c'était presque lui donner raison et prouver que le vicaire-général ne médisait pas en attaquant la jeunesse de Cyprien, puisqu'à la moindre émotion, les larmes venaient comme à un enfant. Heureusement, Cyprien fut tiré de cette situation pénible par un regard de M. de Boisdhyver, qui semblait lui dire : Courage! courage! Ce à quoi n'avait pu parvenir l'amour-propre du jeune homme, l'évêque y arriva par l'empire qu'il avait su prendre sur Cyprien, et, après quelques efforts, les larmes rentrèrent dans leur lit.

A partir de ce moment, le vicaire-général put continuer à lancer ces sarcasmes, qui semblaient s'adresser à une statue, tant le calme était revenu sur la figure du jeune homme. Tout fier d'abord du résultat de sa vengeance, l'abbé Ordinaire s'en donnait à cœur-joie de martyriser son ennemi à moitié vaincu ; mais il dépassa le but en allongeant son discours, qui, à partir du second tiers, ne fut plus suivi avec la même attention par les membres du tribunal : ayant usé toutes ses épithètes âcres et amères, sentant qu'elles ne portaient plus, trouvant Cyprien calme et la figure pleine d'une fierté modeste, le vicaire-général termina péniblement son plaidoyer qui n'excita pas ce murmure favorable si cher à ceux qui parlent en public.

Cependant, par une de ces comédies qui

terminent quelquefois les grands mouvements oratoires et que les vieux avocats n'emploient qu'avec une extrême économie (guère plus d'une fois par an), l'abbé Ordinaire se jeta dans les bras de l'abbé Caneva comme s'il lui témoignait par cette accolade l'estime dans laquelle il le tenait; mais ce coup de théâtre fut perdu pour l'abbé Aubertin qui fouillait avec le bec de ses ciseaux pointus dans son panier noir et cherchait à rendre une délicate narine, telle qu'il la supposait à sainte Eudoxie. M. Godeau était retourné dans le pays des rêves gastronomiques et les tyranniques boyaux de l'abbé Commendeur l'absorbaient complétement.

Après une réplique molle du Promoteur, M. Berreur, dont le devoir était de soutenir l'accusation, mais qui se montra plein d'indulgence pour l'accusé, M. du Pouget fit un résumé impartial de l'affaire. L'Official reprenait les faits un à un, montrait le village des Vertes Feuilles ayant toujours été l'asile de la paix et de la concorde jusqu'au malheureux prêche de l'abbé Caneva, qui, dans un zèle dont on aurait pu lui savoir gré dans des circonstances menaçantes et dangereuses pour l'Église, avait eu le tort de ne pas se plier aux habitudes normandes et à celles, en particulier, du pays Bessin, fort enclin aux fêtes et aux réjouissances bruyantes.

M. du Pouget faisait preuve de connaissances profondes des mœurs des diverses provinces de la France en démontrant que chaque pays a des habitudes fortement enracinées, contre lesquelles il est dangereux de lutter. Or, le curé doit étudier plus facilement qu'un autre les tendances de sa localité et l'esprit des habitants. L'abbé Caneva n'était pas nouveau venu dans le village des Vertes-Feuilles ; comment, aveuglé par un zèle religieux trop rigoureux, avait-il prononcé des paroles imprudentes, grosses de discorde, peut-être utiles en Bretagne, très dangereuses en Normandie ? Il n'y eut dans le résumé de M. du Pouget aucune trace de réponse aux attaques de M. Ordinaire ; seulement Cyprien fut recomforté par un mot de son supérieur qui l'encouragea à toujours recher

cher la vérité avec le soin qu'il avait apporté dans cette affaire, et la conclusion fut d'inviter les membres du tribunal diocésain à se retirer dans la chambre du conseil, pour voter sur la conduite du curé Caneva.

La discussion recommença au dehors entre M. du Pouget et le vicaire-général sur la question de réprimande ou de non réprimande; mais l'évêque comprit de quelle puissance disposait l'abbé Ordinaire, car si les membres du tribunal n'avaient pas prêté une grande attention aux débats, ils étaient venus avec une idée arrêtée, une sorte de mot d'ordre. Les discussions pour ou contre ne signifiaient rien aux yeux de ces hommes endormis par la vie séculière, qui préféraient s'en rapporter à une volonté puissante plutôt que de se donner la peine de fouiller dans leur conscience. Il n'avait pas été difficile à l'abbé Ordinaire de persuader aux Commendeur, aux Aubertin, aux Godeau, aux Berreur, aux Judde et aux Loriot qu'il était dangereux de condamner un de leurs confrères, appartînt-il aux derniers échelons du bas clergé.

Le prêtre doit toujours avoir raison, il a toujours raison, il faut qu'il ait toujours raison. L'abbé Ordinaire, depuis le commencement de l'instruction, ne disait autre chose à ses confrères, comptant peu sur leur intelligence et s'efforçant de leur faire entrer comme un coin cet absolutisme dans la tête. Ce ne fut pas avec des discours qu'il chercha à les convaincre, il ne descendait pas à raisonner, à discuter avec eux, mais il leur donnait une certitude qui leur épargnait de descendre en eux-mêmes et qui leur laissait l'esprit tranquille. MM. Judde, Loriot et Berreur étaient plus raisonneurs que MM. Godeau, Aubertin et Commendeur. L'abbé Ordinaire, qui avait tâté l'esprit de l'évêque dès son arrivée, leur prouva qu'il était important de se montrer, dans le principe, puissants et ne craignant pas leur supérieur; rien n'était plus dangereux que de lui obéir et de paraître souscrire à ses vœux aussitôt son installation, c'était courber le front, se donner un maître et se préparer un avenir d'esclaves dans l'évêché.

Ces moyens adroits produisirent un résultat auquel ne s'attendait pas M. de Boisdhyver, quoiqu'il eût été prévenu par M. du Pouget des menées sourdes de son vicaire-général. Le curé Caneva fut acquitté, et la peine de la réprimande rejetée, sauf deux voix, celles de l'Official et du supérieur du séminaire; sentant alors contre quelles petites passions et quelles mesquines jalousies il avait à lutter, M. de Boisdhyver fut ému malgré lui, mais son grand caractère triompha, et le calme était revenu lorsqu'il prononça le jugement du tribunal.

— Monsieur le curé, dit-il à l'abbé Caneva, dont la joie pouvait à peine se contenir, le tribunal a jugé que votre zèle ne pouvait avoir aucunes fâcheuses conséquences pour l'Église. Vous sortirez d'ici lavé de toute espèce de reproches... Les regards de l'abbé Ordinaire se croisaient avec ceux des membres du tribunal, heureux d'avoir remporté une victoire, non dans l'intérêt de la religion, mais contre l'évêque, qui ne semblait pas remarquer cet enthousiasme.

— Mais, continua M. de Boisdhyver, désirant que ces troubles ne se renouvellent plus dans le village des Vertes-Feuilles, et invité par l'autorité civile à y apporter tous mes efforts, usant de mon pouvoir discrétionnel, M. le curé Caneva attendra au séminaire que je lui aie désigné la nouvelle cure qu'il sera appelé à diriger.

VII

Un intérieur tranquille.

Quelques intérieurs de province étonnent celui qui n'est pas initié à ces mœurs, par un aspect froid, mesquin, une odeur particulière inanalysable; on dirait que la vie est figée dans ces endroits : la forme des meubles, leur position au milieu de l'appartement, le papier de tenture, de certaines pendules étranges, jusqu'aux plis des rideaux, tout concourt à frapper d'un certain malaise un esprit actif. Il se sent transporté dans des milieux ambiants particuliers, comme si, emporté par un ballon, il pénétrait dans les couches où l'air se raréfie; il craint le sort de l'oiseau que la science enferme dans une machine pneumatique et qui ne tarde pas à expirer; il a peur de vivre quelque temps sous ce toit, comme il est dangereux de s'endormir sous l'ombrage de l'arbre à poison. C'est un calme glacial et non la douce tranquillité; les drames se jouent ici comme ailleurs, mais sur une petite échelle; des passions sont en jeu, mais grosses comme la tête d'une épingle, et ces passions passent par autant de bouches que l'épingle par les mains des ouvriers avant d'être fabriquées.

L'intérieur de madame Le Pelletier se distinguait de la plupart des maisons de Bayeux par cette absence de froideur effrayante; la vie y était calme, mais tranquille et simple. Quand, dans l'après-midi, la mère et la fille avaient fait leur toilette et se mettaient à travailler dans le salon donnant sur la rue, le bonheur semblait habiter ce petit appartement, meublé simplement avec un certain goût. La toilette des deux dames était généralement d'un gris-clair pour la saison du printemps et d'été; la même étoffe leur servait; seulement celle de Suzanne était relevée par un ruban, par une bordure un peu plus verdoyante que la robe de madame Le Pelletier. L'homme le plus corrompu serait devenu meilleur en voyant l'attitude de la mère et de la fille pendant leur travail : nulle pensée coupable, nulle mauvaise passion n'avaient jamais frôlé la pensée des dames Le Pelletier ; la pureté de leur cœur faisait une continuelle et douce explosion sur leur figure ; pour elles, la vie semblait les avoir tenues quittes des chagrins, des maladies : cela se voyait dans leurs yeux.

Si une ombre légère passait quelquefois sur la figure de la mère de Suzanne, c'était quand, levant la tête, elle rencontrait le portrait du président Le Pelletier accroché à la muraille, qui semblait toujours les regarder. C'est ce phénomène physique qui rend les plus mauvaises peintures attachantes : être suivi de quelque côté qu'on se place par les yeux du portrait, n'est-ce pas la pensée que la personne morte suit chacun des mouvements, chacune des actions, chacune des pensées des êtres qui lui survivent? Un léger soupir que madame Le Pelletier tâchait encore d'affaiblir, afin de ne pas chagriner sa fille, sortait de ses lèvres, et elle rabattait aussitôt ses yeux sur son ouvrage, craignant de laisser voir son émotion; cependant d'année en année le souvenir du président tendait à perdre son influence douloureuse, pour se teinter de sensations doucement mélancoliques. Avec les idées chrétiennes de madame Le Pelletier, elle entrevoyait une existence impalpable, incorporelle, libre, heureuse, immatérielle, pour son mari défunt qu'elle se plaisait à rêver battant des ailes au-dessus de la maison, ou enfermé avec elle dans la chambre, entrant avec un rayon de soleil, peut-être l'un de ces atômes nombreux qui remplissent l'air; mais elle gardait ces réflexions pour elle et ne mettait pas sa fille dans ses confidences, par la raison que, tout en vivant heureuse de ces tendres chimères, elle n'eût pas voulu les faire partager à d'autres, à cause de leur peu de raison. Madame Le Pelletier avait un sens extrêmement droit de la vie, et ne raisonnait jamais des faits dont l'entendement est fermé à l'humanité. Elle allait tous les dimanches à la messe avec Suzanne, croyait fermement en Dieu, avait inculqué cette croyance à sa fille; mais, hors de là, elle n'aurait jamais discuté sur les pratiques de la religion. Pour elle, le bonheur était dans la vie domestique et le travail; même lorsque son mari occupait les fonctions de président, elle s'était contentée simplement d'une fille chargée du gros ouvrage de la maison; depuis la mort du président, elle avait renvoyé cette fille, afin de plier Suzanne au travail et à l'entretien d'une maison.

Tous les jours, à six heures du matin en hiver, à cinq heures en été, Suzanne était levée et commençait à nettoyer les appartements, à laver les escaliers. A cette heure, sa toilette n'était pas encore faite, et ses lourds cheveux blonds, tordus avec vivacité, laissaient échapper des mèches rebelles les plus charmantes du monde. Ces cheveux merveilleux formaient comme un matelas sur le front, tant ils étaient épais, et portaient de l'ombre suivant la position de la tête vis-à-vis de la lumière. En costume du matin, ses jupons attachés par derrière avec une épingle pour ne pas frôler les marches humides de l'escalier que la jeune fille venait de lessiver, le sang montant légèrement à la tête par suite de sa position penchée, chantonnant quelque fragment de romance que sa mère lui avait apprise, Suzanne semblait une jeune déesse flamande, avec une distinction que les peintres des Flandres ont rarement trouvée au bout de leurs pinceaux.

A huit heures, Suzanne ayant fait le plus

gros de la besogne, prenait un gros morceau de pain, des fruits, et s'en allait, qu'il fît froid ou chaud, dans le jardin. Là, sans s'inquiéter de la neige ou de la gelée, elle déjeûnait, tout en émiettant une partie de son pain, afin d'amener les oiseaux, qui ne manquaient jamais la distribution. Habillée d'un simple jupon blanc et d'une sorte de petite veste du matin, blanche également, un homme à rhumatisme en eût gagné de nouveau, rien qu'à la voir ainsi vêtue entrer dans son jardin aussi court vêtue ; mais elle bravait l'air froid, la gelée, la neige d'hiver et la rosée du printemps : le vif de chaque saison ne faisait qu'ajouter à la vivacité de son teint, et elle rentrait à la maison le sang en mouvement, en chantant, l'air plus heureux que si elle avait assisté à la plus belle fête du monde.

Ses amis les oiseaux, ses arbres, ses plantes qu'elle cultivait, l'air, le soleil, la lumière, n'étaient ce pas pour elle des tableaux toujours changeants, des sensations toujours nouvelles, qui ne laissent aucune inquiétude à l'esprit et qui le meublent de fraîcheurs odorantes inconnues aux grandes villes.

Après le lessivage des escaliers, des corridors, des parquets; après le secouement des tapis, l'arrosage des chambres, Suzanne procédait au miroitement des meubles et du plancher. C'était pour elle un jeu, car ses membres souples faisaient courir la cire dans toutes les directions; vraiment, quand elle cirait le parquet, avec sa large brosse sous le pied, elle était plus heureuse qu'une jeune pensionnaire au bal, ou qu'un patineur sur un étang. Cette sorte de gymnastique des bras et des jambes ne durait pas moins d'une heure. Alors Suzanne montait à sa chambre, faisait une demi toilette, rajustait ses beaux cheveux, enlevait le peigne et disparaissait sous sa chevelure presque tout entière, comme ces statues de naïades portant des vasques, qu'on entrevoit à peine entourées des pleurs d'une nappe d'eau. Des peignes fins et moyens séparaient cette immense chevelure par masses considérables; en un clin-d'œil, avec une souplesse merveilleuse, Suzanne ramenait à l'ordre, comme en un bataillon, tous ses cheveux mutins qui, tout à l'heure, étaient dispersés. D'un simple coup d'œil à une petite glace, elle s'assurait de sa coiffure; il n'y avait que deux boucles rebelles, derrière le cou, qui résistèrent toujours aux efforts du peigne, qui s'ondulaient capricieusement et se jouaient sur son fichu; mais ces deux boucles poussées au bas de la racine des cheveux, sortant tout à coup du duvet soyeux du cou, semblables à ces tendres feuilles qui traversent la mousse au pied d'un arbre puissant, étaient si mutines et si jolies qu'elles auraient demandé un poëme pour description et mieux qu'un Pope pour poète.

Cette demi toilette terminée, Suzanne

descendait à la cuisine et préparait le second déjeûner de midi, consistant en viandes froides provenant du dîner de la veille pour les jours gras, en une omelette le plus souvent et en légumes pour les jours maigres. Cela terminé et déposé près du feu, dans des assiettes renfermées pour conserver la chaleur, Suzanne lavait encore ses mains qu'elle avait fort belles et qu'elle protégeait contre les gros travaux et contre l'action du feu par de vieux et gros gants de peau. Plus leste qu'un oiseau sautant d'une branche à une autre, elle courait à sa petite chambre, passait sa robe de l'après-midi, appelait sa mère et servait le repas en un clin-d'œil.

Ainsi s'écoulaient les matinées de Su

zanne, qui ne variaient que les jours de marché et de blanchissage; alors elle était aidée par madame Le Pelletier, qui surveillait avec elle les travaux des lessiveuses dans la cuisine, remplie exceptionnellement d'une immense cuve fumante, garnie de cendres, faisant entendre un bruit d'eau roussâtre qui s'échappait du linge qu'on *coulait,* remplissant la cuisine et les corridors d'une vapeur épaisse. Deux fois par semaine, de huit à dix heures du matin, les dames sortaient en toilette modeste, chacune un grand panier au bras, et allaient faire leur marché; elles en revenaient chargées de beurre, de légumes, d'herbes, d'œufs, avec une paire de pigeons, ou un poulet, ou des perdrix, suivant la saison. A la boucherie, elles achetaient plus spé-

cialement un morceau de veau pour rôti et
du bœuf pour le pot-au-feu. Telle était leur
vie hygiénique, que madame Le Pelletier
tenait en tradition de ses parents et dont
elle se trouvait bien. Elle avait, en outre,
enseigné à Suzanne l'art de la pâtisserie,
qui jouait un rôle dans cette vie simple et
qui sert à varier la cuisine d'ordinaire.
Ainsi, quand il restait un peu de viande de
bœuf et de veau, Suzanne les hachait, les
combinait, les pelotait en formes qui dé-
pendaient de sa fantaisie, et entourait ce
hachis dit *rissole* d'une certaine pâte qui
s'imprégnait à la casserole du jus des
viandes, et qui flattait l'œil par des dessins
et des dentelles obtenus par une roulette
de cuivre.

L'abbé Gloriot, cousin éloigné de madame Le Pelletier, n'eût pas de cesse qu'il n'eût obtenu quelques-unes de ces excellentes pâtisseries qui gagnaient peut-être même encore froides le lendemain ; c'était pour en faire cadeau à M. le chanoine Godeau, le plus gourmand de tous les chanoines. Mais madame Le Pelletier jugea à propos de recevoir le moins possible l'abbé Gloriot, homme un peu trop joyeux, qui portait presque toujours une grosse rose rouge à sa boutonnière, et qui ne savait contenir, même devant Suzanne, des propos un peu rabelaisiens. Deux ou trois fois l'année seulement, madame Le Pelletier reçut l'abbé Gloriot, qui passait généralement dans Bayeux pour un prêtre ami des plaisirs de la vie : il ne craignait, disait-on, ni les jolies pécheresses, ni les cigares bien secs, ni le vin bien vieux, ni le jeu, ni les propos salés. Excellent homme au fond, l'abbé Gloriot oubliait trop son métier dans le monde, pour que madame Le Pelletier en fît un intime de la maison; d'ailleurs, elle ne recevait personne, à l'exception du docteur Richard, ancien ami du feu président, qui l'avait soigné avec un dévoûment tel qu'il passa huit nuits et huit jours sans sortir de la maison du malade, essayant de demander à la science des secours impuissants contre une maladie dévorante.

Les après midi s'écoulaient entre la mère et la fille dans le salon, toutes deux occupées à travailler, Suzanne ayant, pour satisfaire sa curiosité de jeune fille, la première place dans l'embrasure de la fenêtre donnant sur la rue. En face était la maison du notaire, précédée d'une boutique d'épicerie et suivie d'une marchande de nouveautés. D'un petit coup d'œil à travers des rideaux brodés par Suzanne (mais elle les avait brodés bien légèrement, sans doute pour mieux voir), elle pouvait suivre les dames de la ville entrant chez la marchande de nouveautés, les paysans discutant à la porte du notaire, et les gens de toute classe se fournissant de tout dans la plus importante boutique de la civilisation, l'épicerie. Dans un intérieur tranquille, avec une vie chaste et pure, ces petits drames offrent un intérêt aussi puissant que, pour les Hollandais, la vue de leur miroir reflétant les promeneurs de la rue.

Suzanne avait souvent de fous éclats de rire à la vue d'un enfant sortant de l'epicerie avec un liard de mélasse dans un grand cornet et s'embarbouillant les joues, le menton et les oreilles. Rien qu'à voir les gestes des paysans assis sur les bancs du notaire ou attendant, après le marché, leur tour d'audience, on pouvait suivre leur discussion sans entendre ce qu'ils disaient. Presque toutes les dames de Bayeux se fournissaient chez les dames Boulanger, marchandes de modes, et sans ambitionner les toilettes des femmes à la mode, Suzanne trouvait cependant un certain plaisir à les étudier et à les observer. « Maman, viens donc voir, » disait-elle à madame Le Pelletier quand elle voulait faire partager sa curiosité à sa mère, et, derrière leurs rideaux, les deux dames faisaient leurs observations sur les comédies de la rue, sans y apporter ce dénigrement acharné de la province qui enlève la pièce. Une petite malice sans fiel partait des lèvres de madame Le Pelletier et mettait Suzanne en gaîté pour tout le reste de la journée.

Quelquefois la veuve du président chantait un de ces anciens airs d'opéra comique de l'empire, dont quelques-uns sont restés jeunes encore, car madame Le Pelletier, du vivant de son mari, avait été quelquefois au Grand-Théâtre de Rouen, et quoiqu'elle ne fût pas musicienne, elle retint avec une grande justesse de voix des morceaux du *Nouveau Seigneur*, de *Gulistan*, du *Calife de Bagdad*, et de bien d'autres opéras-comiques qu'elle disait franchement en compagnie de sa fille. La pureté des deux dames était si grande, qu'elles chantaient souvent des paroles un peu enjouées auxquelles elles n'avaient jamais fait attention, occupées seulement de la mélodie qui les recouvrait. Ainsi, madame Le Pelletier avait appris à sa fille le fameux air : *Ah! vous avez des droits superbes*, qui fait allusion au droit du seigneur sur les nouvelles mariées de son village, et si on eût demandé à Suzanne le sens de ces paroles, elle eût été fort embarrassée, car elle s'attachait surtout au sens de la mélodie et en était charmée à tel point que les paroles existaient à peine pour elle.

Le lendemain de la visite aux Garnier, l'entretien roula, dans l'après-midi, sur ces pauvres gens et naturellement sur le jeune prêtre que les dames avaient rencontré. Madame Le Pelletier ne tarissait pas d'éloges sur Cyprien qu'elle avait surpris entourant de soins la malade.

— Ce n'est pas, dit-elle, notre cousin Gloriot qui passerait ainsi son temps au chevet d'une pauvre aveugle. Monseigneur donne une bonne idée de sa charité en choisissant de pareils missionnaires.

— Maman, dit Suzanne, notre cousin Gloriot n'est pas mauvais, et je suis persuadée que, s'il se trouvait en présence de malheurs réels, il ferait tout pour les secourir.

— Je ne veux pas dire de mal de l'abbé Gloriot; mais, mon enfant, il ne s'agit pas seulement de rencontrer des infortunes, il faut aussi les deviner, les chercher. Ce jeune prêtre que nous avons rencontré chez les Garnier a battu la ville en tous sens, il a visité toutes les maisons une à une, il n'a ps attendu qu'on lui dît d'aller à tel endroit et qu'on lui signalât des malheureux.

— Je croyais, dit Suzanne, que c'était

d'après les ordres de monseigneur qu'il agissait.

— Certainement, ma fille, mais il y a manière de remplir son devoir; l'abbé Cyprien...

— Comment savez-vous son nom, maman?

— Toute la ville en parle, je croyais te l'avoir dit.

— Non, maman, j'ignorais que M. l'abbé s'appelât Cyprien.

— C'est un joli nom, trouves-tu ?

— Je n'y vois rien de particulier.

—C'est singulier, ma chère Suzanne, aujourd'hui nous ne nous entendons pas.

— Je défends mon cousin Gloriot, y voyez-vous du mal?

—Mon Dieu, Suzanne, comment peux-tu parler de notre cousin Gloriot, quand il s'agit de M. l'abbé Cyprien? Est-il possible de les comparer un instant.

—Dame, maman, mon cousin Gloriot m'amuse.

— Oh! Suzanne, il a si mauvais ton!

— Il est si gai, si drôle, qu'on oublie qu'il a une soutane.

— Justement, ma fille, c'est bien ainsi que l'abbé Gloriot est dangereux ; jamais, dans la vie privée, le prêtre ne doit oublier ni faire oublier sa robe. Tandis que l'abbé Cyprien, justement par la réserve dans laquelle il se tient vis-à vis des pauvres qu'il visite, leur fait une plus vive impression que le médecin le plus savant... Il a à peine dit quelques mots quand nous sommes entrées, et chacun de ces mots avait une portée particulière ; tout est bien en lui : le maintien, le son de la voix, le regard... Une mère doit être heureuse d'avoir un tel fils!

La conversation tomba là-dessus, madame Le Pelletier réfléchissant aux réponses de Suzanne et s'applaudissant d'avoir fermé sa porte au trop aimable abbé Gloriot. Suzanne commençait à prendre l'âge bon au mariage : elle allait avoir dix-huit ans; c'était là la plus grande préoccupation de la veuve du président, qui passait souvent une partie des nuits à essayer de crever les nuages qui lui dérobaient l'avenir de sa fille. Rien dans Suzanne n'indiquait la plus petite prétention ni la moindre sollicitation à un mariage prochain; son humeur ne changeait pas : une aimable égalité de caractère, une franchise enjouée, une santé parfaite faisaient qu'elle s'endormait régulièrement à neuf heures du soir pour se réveiller à cinq heures du matin, sans que jamais son sommeil fût inquiété par les troubles ordinaires aux jeunes filles rêvant le mariage comme pseudonyme de liberté.

Tant que Suzanne serait heureuse, madame Le Pelletier ne pensait pas à lui parler de ménage, mais un jour la jeune fille pouvait sentir poindre en elle l'idée d'un époux. Là se tournaient les préoccupations de la veuve. Madame Le Pelletier avait un revenu très médiocre, dont elle disposait en aumônes pour la plus grande partie; c'est en province que le manque de dot satisfaisante amène plus qu'ailleurs le manque de prétendus. On ne connaissait pas, dans Bayeux, la fortune de madame Le Pelletier; elle faisait partie de la haute bourgeoisie et touchait presque à la noblesse par ce *le* qui se détachait de son nom et qui joue le rôle de particule nobiliaire. Veuve d'un président à la cour de Rouen était d'ailleurs un beau titre; si madame Le Pelletier eût voulu fréquenter la société, elle eût été reçue dans le salon le plus difficile, d'abord le salon de la comtesse d'Entraygues où, avant qu'un étranger fût admis, il fallait produire des titres qu'on contrôlait comme l'or à la Monnaie; mais madame Le Pelletier ne songeait pas à aller dans le monde, et elle ne désirait guère, malgré les prévenances de la comtesse qu'elle rencontrait à l'église, être reçue dans son salon, fréquenté par deux ou trois vieilles dames et d'anciens chevaliers de Saint-Louis qui ne parlaient que wisth et goutte, bouillotte et rhumatismes. C'eût été un mince divertissement pour Suzanne. Cependant madame Le Pelletier ne se dissimulait pas qu'avec la vie qu'elle et sa fille menaient, il serait très difficile de trouver un prétendu; si Suzanne ne trouvait pas un mari entre vingt et vingt-deux ans, vingt-trois ans au plus tard, elle risquait de passer les vingt-cinq ans, âge déjà mal vu par les jeunes futurs, et peut-être d'arriver à la trentaine, qui sacre une fille vieille fille.

C'étaient là les pensées de madame Le

Pelletier qui en même temps se tourmentait à l'idée de se séparer de sa fille. Toute mère regarde le mariage comme une séparation entre elle et son enfant. L'influence maritale, si nécessaire dans un bon ménage, fait le désespoir des mères; qui sait si l'époux voudra se charger d'une belle-mère? Mais comme madame Le Pelletier rêvait le bonheur de Suzanne avant le sien, elle chassait ces idées personnelles pour penser à l'avenir de sa fille. Bientôt il serait bon de jeter les yeux sur un mari, il était nécessaire de connaître les jeunes gens de la ville, certaines personnes étrangères au pays occupant des positions honorables dans Bayeux, et alors la veuve du président se repentait d'avoir tenu peut-être un peu longtemps sa fille à l'écart.

Une visite que vint rendre le docteur Richard à madame Le Pelletier lui ouvrit un moyen de connaître la jeunesse masculine cherchant à s'établir.

VIII

La recherche d'un mari.

— Nous allons te laisser un moment seule, Suzanne, dit madame Le Pelletier en priant le docteur de vouloir bien l'accompagner au jardin.

— Vous avez quelque chose de particulier, mon amie, n'est-ce pas ; vous êtes tracassée, je le vois. Est-ce que par hasard vous auriez besoin d'un médecin... prenez garde, prenez garde...

Le docteur Richard était d'une humeur sarcastique qui ne respectait rien, pas même la profession médicale. Quoique d'une nature excessivement bienveillante, il se moquait de lui-même, de sa science, de sa femme et de tout ce qui l'entourait. Il démontait souvent les gens par son esprit, et on craignait beaucoup ce moqueur impitoyable qui, la première fois qu'il amena sa femme en société, la présenta ainsi : « Voici le médecin et sa médecine. » Vif, emporté, satirique, le docteur Richard, sous cette enveloppe, cachait un des cœurs les plus purs, un des esprits les plus droits du pays; ses amis lui auraient passé des travers bien plus grands, car des qualités si puissantes contrebalançaient tellement son naturel moqueur, qu'une fois habitué à un tel homme, on ne pouvait plus s'en séparer, et ceux qui étaient admis à connaître l'homme intérieur savaient quelle bonté se cachait derrière ce teint jaunâtre, ces yeux clignotants, enfouis sous les paupières, et ces lèvres pincées, habituées à la malice pour lutter contre la méchanceté des hommes. Le docteur Richard était adoré ou haï dans Bayeux; il n'y avait pas de sentiment mitoyen qui s'attaquât à lui. Quelques personnes le dépeignaient comme un être orgueilleux, vaniteux, dénigrant chacun, possédé d'un esprit diabolique et médisant; mais la majorité en parlait, au contraire, comme d'un homme ne reculant devant aucun travail, aucune course, aucun voyage, pour aller plus vite au secours d'un malade N'importe à quelle heure de la nuit on frappait à sa porte en hiver, il ouvrait lui-même et partait aussitôt à cheval à dix lieues de là, si le cas l'exigeait, qu'il s'agit d'un pauvre paysan ou d'un riche fermier. Doué d'une prodigieuse activité, d'une intelligence remarquable, d'une force herculéenne, le docteur Richard, à cinquante ans, était plus jeune que ses confrères de trente ans. Médecin de l'Hôtel-Dieu et de l'hôpital, il avait senti combien la science s'éteint plus vite en province qu'ailleurs; il était abonné à toutes les Gazettes et Revues médicales de Paris, recevait tous les livres nouveaux de médecine et correspondait avec les hommes les plus illustres de la Faculté, qu'il avait eus pour compagnons de jeunesse dans le quartier Latin. Il consacrait deux heures tous les soirs, après minuit, à lire et à étudier les expériences qui ne peuvent se faire qu'à Paris, car le nombre des malades est trop restreint dans un hôpital de province pour permettre de se maintenir à la hauteur des expériences nombreuses d'une capitale; aussi tous les ans le docteur Richard complétait-il ses lectures en faisant un voyage d'un mois à Paris, et les jeunes étudiants s'émerveillaient de rencontrer dans tous les hôpitaux ce vieillard à la mine spirituelle qui apportait à la clinique une patience et une attention de vingt ans.

La médecine redoubla la dose de scepticisme scientifique dont la nature avait doué le docteur Richard ; il ne croyait guère à la science des autres, à la sienne pas du tout ; cependant il étudiait, creusait et réfléchissait, espérant que les tentatives modernes pourraient amener à la connaissance des maladies de l'homme : non pas que le docteur crut qu'il était impossible de guérir un malade, il en avait guéri beaucoup, mais il était certain que la nature plus que la science l'avait aidé grandement dans le traitement. Les grandes querelles académiques qui se terminaient en injures scientifiques le faisaient sourire, car il sentait encore plus vivement le néant de la science et la sorte de charlatanisme que la vie parisienne exige : si le docteur

Richard l'avait voulu, il eût occupé un rang considérable et fût devenu un *doctor medicus parisiensis* très célèbre ; mais l'inflexibilité de ses opinions, son caractère tout d'une pièce, son esprit malicieux le firent échouer à un concours important qui était la clé de sa destinée, et il s'en consola philosophiquement en s'établissant à Bayeux, avec l'idée d'y faire le bien.

Au chevet d'un malade, le docteur Richard perdait son air sarcastique et ses brusqueries souvent blessantes pour ceux qui étaient en rapport avec lui pour la première fois ; il devenait grave, attentif et se recueillait pour attendre la fermentation de ses observations. Son petit œil malin devenait bon et s'agrandissait comme pour mieux voir dans le corps des malades ; sa main ne quittait pas la main de celui qui l'appelait, on eût dit que dans ce contact il appelait en lui toutes les émotions, les doutes, les pensées et les souffrances du malade. C'était un *être* qu'il s'agissait de guérir et de sauver ; alors, à l'application qui se devinait sur la figure du docteur, le malade se sentait déjà soulagé, car il avait foi en cet homme attentif, observateur, doué d'une force morale puissante, aussi imposant qu'un prêtre pendant la prière des agonisants. En effet, par une singulière nature, devant le malade, le docteur Richard oubliait son scepticisme scientifique et redevenait croyant ; mais il étudiait le tempérament de l'individu bien plus que la maladie, il parlait du physique pour se rendre compte du moral, et de ces deux observations soudées ensemble, il arrivait plus souvent qu'un autre à la connaissance exacte de la maladie. Ayant pour système, qui s'enracinait de plus en plus à mesure qu'il exerçait, qu'il est impossible de classer les maladies, et que chaque être a sa maladie particulière, de même qu'il a sa figure particulière, il se retranchait dans les analogies. Mais c'était son désespoir, car rarement le cas d'analogie se présentait. Ainsi, il aurait voulu rencontrer deux malades se ressemblant de figure et ayant la même maladie. S'il guérissait le premier, il était certain de guérir le second par le même traitement. Aussi, jugeant la médecine inutile, ne croyait-il qu'à l'influence morale du médecin et y avait-il apporté tous ses efforts. Sans être comédien, le docteur Richard devenait d'une souplesse merveilleuse suivant la position, l'âge, le sexe de ses clients. Il était tour à tour, dans la même journée, brusque, bon, sensible, goguenard, sérieux, galant, s'il le fallait; au sortir de ces visites, dépouillant le masque qui lui couvrait la figure, fatigué de comédies qu'il jugeait utiles, ses lèvres reprenaient cet accent sarcastique qui laissait plus encore à la bonté.

Madame Le Pelletier et les amis du docteur ne furent jamais dans la confidence des singulières sensations par lesquelles passait le docteur Richard : il eût regardé comme un crime de confier ses doutes à quelqu'un de la ville; même sa *médecine* qu'il aimait beaucoup et qui était une excellente femme fière de son mari, n'eut jamais soupçon des doutes du docteur. Mais comme il craignait d'en trop souffrir, s'il les gardait au dedans toute la vie, il trouva le moyen de s'en débarrasser en faisant un voyage à Paris chaque année ; alors l'homme qu'on avait vu le matin à la clinique étudier religieusement les moindres faits, ce savant vénérable en cheveux gris, cet observateur profond, écoutant le professeur avec l'humilité d'un étudiant de première année, le docteur Richard aux dîners intimes que lui donnaient ses anciens amis, presque tous professeurs à la Faculté, devenait intarissable en plaisanteries contre la science : savant et bouffon comme Rabelais en ces matières, enfermé dix mois en province comme dans une prison cellulaire, la parole bridée comme s'il eût eu un mors, ayant fait vœu de silence comme un trappiste, alors il éclatait en sarcasmes, déversait tout ce qu'il avait amassé de doutes en un an, ouvrait la porte aux épigrammes qu'il avait puisées dans ses études scientifiques, étonnait les *Parisiens* par sa prodigieuse verve, sa moquerie puissante basée sur l'incomplet de la science, et chacun se demandait : « Comment le docteur Richard peut-il vivre en province avec cette force? » Effectivement, le médecin eût jeté l'épouvante dans Bayeux, si on eût soupçonné l'amertume ironique enfouie si profondément en lui ; mais il la cachait comme un poison dangereux que lui seul pouvait manier. Il devait en mourir dans la force de l'âge.

Hors de la science, le docteur Richard redevenait un homme excellent, bon, serviable, s'intéressant aux moindres détails de la vie, heureux de rendre service à ses amis. Doué d'un rare bon sens, il était rare que ses conseils ne fussent pas suivis par les gens qui les lui demandaient : il n'y avait qu'une certaine brusquerie dans la forme qui choquât un peu les esprits indécis, car le médecin voyait les choses vivement, juste, clairement, et il ne se perdait pas en détours. Quand une affaire était entamée maladroitement, il le disait net, ne se doutant pas qu'il choquait l'amour-propre de celui qui avait conçu le projet. Pour redresser une chose fausse, le docteur Richard employait immédiatement le moyen brutal, certain que ce ne sont pas les précautions du langage, les conversations adoucies qui servent à prouver et ceux à qui il plaisait ainsi, qui l'appréciaient et qui n'avaient pas la faiblesse de s'effaroucher à ce grand bon sens, l'adoraient. De ce nombre était madame Le Pelletier.

— Savez-vous, docteur, lui dit-elle, quand ils furent ensemble dans le jardin, quel âge a maintenant notre chère Suzanne ?

— Elle aura demain l'âge de se marier : est-ce là que vous voulez en venir ?

— Docteur, vous êtes un sorcier.

— Non, mais ma médecine m'a fait songer que c'était demain la fête de Suzanne, c'est-à-dire qu'elle aura ses dix-huit ans.

— Votre femme est toujours bonne, docteur.

— Il serait beau que la marraine ne pensât pas à la fête de sa filleule ; ne dites rien à Suzanne, nous allons arriver avec de gros bouquets, à moins toutefois que je ne sois pris par une visite au dehors ; alors vous embrasseriez Suzanne doublement, une fois pour moi et une fois pour vous.

— Mon cher docteur, vous pensez donc comme moi ?

— Est-ce que vous avez quelqu'un en vue ?

— Non ; mais qui sait ? un mari peut se présenter tout d'un coup, et c'est justement ce que je redoute, car il me faut un bien bon mari.

— Oui, un bien bon mari pour notre Suzanne, un bon mari, vous avez raison... Il y en a, mais ils ne poussent pas tous les jours.

— Donner Suzanne au premier prétendu

venu, dit madame Le Pelletier, il n'y faut pas songer ; je voudrais connaître un jeune homme de la ville, s'il est possible, dont on puisse s'enquérir de la famille, l'étudier pendant quelque temps, le bien observer, le sonder, et à un moment lui faire faire des ouvertures.

—Vous ne m'avez pas tout dit, madame Le Pelletier ?

— Si, vraiment.

— Tout, absolument ?

— Mais, oui.

— Cependant vous ne m'avez pas dit ceci : je ne sors pas de la maison, ni ma fille non plus, je vis isolée du monde, je ne reçois personne, il n'y a que mon ami le docteur qui puisse traiter cette affaire-là ; est-ce là votre pensée, dites ?

— J'allais vous le demander.

— Bon, et le docteur vous aurait répondu : J'aime ma chère Suzanne comme si elle était ma fille ; je connais toute la ville et les maisons à dix lieues à la ronde ; malgré tout je n'aperçois pas un épouseur pour l'instant.

— Vraiment, docteur ?

—Ma parole. Il ne manque pas de futurs, mais vous serez peut-être difficile, et vous avez le droit de l'être... une si charmante fille... Voyons, auriez-vous de la répugnance à faire de Suzanne une avouée ?

— Non, dit madame Le Pelletier.

— Une avocate ? une notairesse ? une femme de procureur royal, de juge ? Vous ne sortirez pas de la robe.

— J'ai été heureuse avec M. Le Pelletier et je n'ai rien contre le barreau.

— Eh bien, ma chère amie, les charges

d'avoué et de notaire sont aujourd'hui hors de prix ; n'oublions pas que c'est mademoiselle qui paie en se mariant... Vous n'avez pas quatre-vingt mille francs à lui donner?

— Tout au plus vingt mille.

— Mettons donc les notaires et les avoués à la porte s'ils se présentent... Ils ne se présenteront pas, d'ailleurs... Restent donc les avocats et les juges... Nous avons à Bayeux deux avocats qui se font de quinze à vingt mille francs, mais ils sont mariés et ne céderont pas de longtemps leur place; je connais leurs poumons... Le reste, des marmailles qui crèvent de faim et qui ne valent pas tripette... Pas d'avocats, cela est convenu. Les juges, vous savez, mon amie, ce que vous a laissé le défunt; n'eût-il pas été si généreux, qu'il n'aurait jamais pu économiser une grosse fortune... Refusé, les juges... Suzanne a-t-elle quelque chose contre le commerce?

— Je ne crois pas.

— Suzanne tient-elle absolument à habiter la ville?

— Vous savez, mon cher docteur, combien peu elle profite des plaisirs de la société... Elle n'a jamais pensé au bal.

— Qu'elle épouse quelqu'un de la ville,

et ses goûts peuvent se développer tout à coup.

— Suzanne tient trop de moi pour aimer le bal... A Rouen, dans ma jeunesse, malgré les instances de mon mari, j'ai toujours préféré notre intérieur tranquille à ces nuits où la toilette développe la coquetterie.

— Et la coquetterie la toilette, dit M. Richard. Alors Suzanne habiterait volontiers la campagne... peut-être un hameau?

— Certainement, si elle trouvait un bon mari.

— Il ne manque pas de cultivateurs à établir.

— Oh! s'écria madame Le Pelletier.

— Je vous entends; vous croyez avoir affaire à des prétendus un peu grossiers, la figure rougeaude, des paysans; vous craignez qu'ils ne comprennent pas votre mignonne Suzanne.

— Il est commode d'être taciturne avec vous, mon cher docteur; cela n'empêche pas votre esprit de suivre la conversation.

— Eh bien! vous avez tort, et vous vous faites une idée tout à fait fausse des cultivateurs. Les fermiers dont je vous parlais sont des jeunes gens qui maintenant font une partie de leurs études à la ville, et reviennent chez leur père, dégrossis. J'en connais à Bayeux, dans les études d'avoués et de notaires, qui prennent quelque teinture des affaires. Ceux qui n'ont pas une passion immodérée pour la chicane retournent chez leurs parents ; le séjour de la ville les a policés, ils sont moins paysans, et deviennent des fermiers distingués. Voilà d'excellents maris : vie facile, bon air, occupation perpétuelle, peu de temps pour s'ennuyer, l'activité qui chasse la réflexion, le calme que donne la nature qui vous entoure, des chevaux, des brebis, des chiens, qu'on voit tous les jours et qui valent mieux que les hommes... Décidément, j'ai eu tort, ma chère amie, de vous parler de la campagne.

— Au contraire, docteur, vous m'enthousiasmez.

— Mais les fermiers se mésallient rarement, presque jamais ils ne viennent chercher de femmes à la ville... Beaucoup sont riches et veulent des demoiselles riches.

— Docteur, je me vois obligée d'oublier la campagne.

— Il y aurait peut-être quelque inquisition à faire du côté de la jeunesse marchande de la ville, je verrai à cela Mais pendant que nous y sommes, allons jusqu'au bout... Les employés du gouvernement, il en est peu bien payés, exceptez-en le receveur des contributions indirectes, le payeur, l'agent-voyer, chef... et tout ce monde est en possession de famille... Et puis ils peuvent être envoyés on ne sait où... Tenez, mon amie, je voudrais pour votre fille un honnête bourgeois, un homme sage, pas trop âgé, mais qui connaisse la vie, un rentier, un homme à profession indépendante... Cela peut se trouver, et s'il vous est jamais présenté par moi, vous pouvez être certaine d'avoir pour Suzanne un mari d'or...

— Ah! dit madame Le Pelletier, si elle pouvait trouver un mari comme vous?

Le docteur pinça les lèvres amèrement :

— Je ne le lui souhaite pas, dit-il, et il

ajouta d'un ton plaisant : Je suis trop occupé.

— Est-ce que madame Richard n'est pas la plus heureuse des femmes?

— La plus heureuse, c'est beaucoup dire; seulement elle a le bon esprit d'être contente de ce qu'elle a et de ne pas chercher midi à quatorze heures... C'est moi qui suis heureux de l'avoir trouvée, car son calme me repose souvent des fatigues de mon métier.

— Je souhaite seulement que Suzanne trouve en mariage la moitié de vos qualités, docteur.

— Je lui trouverai mieux que ça... Ah je n'y pensais pas... mais oui... peut-être... un jour...

— Qu'y a-t-il? demanda madame Le Pelletier.

En ce moment, une heure sonnait à l'horloge publique; le docteur tira sa montre de sa poche.

— Bon, dit-il, la Malva est encore en retard d'une demi-heure aujourd'hui; on l'a arrangée dernièrement, je me fiais sur elle, je suis en retard.

La *Mal va* est le surnom populaire de

l'horloge de l'Hôtel-de-Ville, que depuis dix ans un ferblantier du pays s'obstinait à accorder, sans y réussir.

— Soyez tranquille, mon amie, dit le docteur à madame Le Pelletier, je crois avoir trouvé l'affaire de Suzanne.

FIN DU PREMIER VOLUME.

TABLE DES CHAPITRES.

		Pages
A mon père	. . . .	1
Chap.	I. L'ancien évêché	5
—	II. Physique et moral de M. Ordinaire .	35
—	III. Le petit évêque	79
—	IV. L'aveugle.	125
—	V. Le pouvoir civil et le pouvoir religieux.	173
—	VI. Le tribunal de l'officialité diocésaine.	211
—	VII. Un intérieur tranquille . . .	267
—	VIII. La recherche d'un mari . . .	299

FIN DE LA TABLE.

Fontainebleau. — Imp. de E. Jacquin.

NOUVEAUTÉS TERMINÉES

La Demoiselle du cinquième
Par *Paul de Kock*, 6 vol.

LES FILS DE FAMILLE
Par *Eugène Sue*, 9 vol.

LE BEAU FAVORI
Par le *marquis de Foudras*, 5 volumes.

ÉVENOR ET LEUCIPPE
Par *G. Sand*, 3 vol.

DEUX BRETONS
Par *X. de Montépin*, 6 vol.

L'AVEUGLE DE BAGNOLET
Par *Charles Deslys*, 3 vol.

LE LIÈVRE DE MON GRAND-PÈRE
Par *Alex. Dumas*, 1 vol.

LES AMOURS MORTELS
Par *Adrien Robert*, 2 vol.

LE BATTEUR D'ESTRADE
Par *Paul Duplessis*, 3 vol.

LA MAISON DOMBEY PÈRE ET FILS
Par *Charles Dickens*, 5 vol.

LES CŒURS D'OR
Par *Marc Leprevost*, 3 vol.

Fontainebleau. — Imp. de E. Jacquin.

www.ingramcontent.com/pod-product-compliance
Lightning Source LLC
Chambersburg PA
CBHW060333170426
43202CB00014B/2766